宏观经济与金融安全研究

朱 靖 ◎ 著

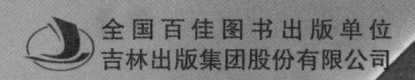

图书在版编目（CIP）数据

宏观经济与金融安全研究/朱靖著. --长春:吉林出版集团股份有限公司, 2023.6
ISBN 978-7-5731-3816-3

Ⅰ.①宏… Ⅱ.①朱… Ⅲ.①宏观经济－研究－中国②金融风险－风险管理－研究－中国Ⅳ.①F123.16②F832.1

中国国家版本馆CIP数据核字(2023)第132086号

HONGGUAN JINGJI YU JINRONG ANQUAN YANJIU
宏观经济与金融安全研究

著　　者：朱　靖
责任编辑：欧阳鹏
封面设计：冯冯翼
开　　本：710mm×1000mm　1/16
字　　数：245千字
印　　张：13
版　　次：2023年6月第1版
印　　次：2023年6月第1次印刷

出　　版：吉林出版集团股份有限公司
发　　行：吉林出版集团外语教育有限公司
地　　址：长春市福祉大路5788号龙腾国际大厦B座7层
电　　话：总编办：0431-81629929
印　　刷：长春新华印刷集团有限公司

ISBN 978-7-5731-3816-3　　定　价：78.00元
版权所有　侵权必究　　举报电话：0431-81629929

前　言

当前中国经济正处于转型升级的关键期，需要金融的有力支撑；同时一些国家的货币和财政政策调整，可能会对中国的金融稳定形成外部冲击，这就需要把金融安全的重要性提升到新高度。金融是现代经济的核心。金融安全是国家安全的重要组成部分，是经济平稳健康发展的重要基础。实现经济从高速增长向高质量发展的转变，需要金融提供良好的环境及有力支撑。因此，防范和化解各类金融风险、保障金融安全是保持经济平稳健康发展的根本举措。

本书基于宏观的视角，首先介绍了金融安全的概念、影响因素、相关理论研究以及经济发展与金融安全的关系；接着对宏观经济运行状况进行了介绍，探讨了宏观经济与金融市场的关系；随后介绍了金融市场与金融安全的关系、金融市场的本质产生不确定性的原因，以及探讨了解金融参与者的行为，尤其是金融投机和金融舞弊行为是如何导致金融危机并威胁金融安全的问题，最后通过讲解金融市场可能存在和面临的风险，希望找出相应的防范措施。

在编写本书的过程中，笔者参阅了国内外大量的相关教材、著作和论文，参考了很多专家、学者的观点，在此深表感谢！由于笔者水平所限，加之时间仓促，书中难免存在疏漏之处，恳请各位专家、读者批评、指正，多提宝贵意见，以便再版时修改，使本书日臻完善。

2023 年 5 月

目　　录

第一章　金融安全概述 ………………………………………… 1
第一节　金融安全的概念 ……………………………………… 1
第二节　金融安全的影响因素 ………………………………… 6
第三节　金融安全相关理论 …………………………………… 12

第二章　宏观经济与金融市场的互动机理和风险管理 ……… 18
第一节　宏观经济与金融市场互动机理 ……………………… 18
第二节　宏观金融风险管理 …………………………………… 47

第三章　金融市场与金融安全 ………………………………… 66
第一节　金融市场与金融安全概论 …………………………… 66
第二节　金融市场的不确定性 ………………………………… 79
第三节　金融市场信息的不确定性 …………………………… 86
第四节　投资者行为的不确定性 ……………………………… 97
第五节　金融市场价格的不确定性 …………………………… 102

第四章　金融危机与金融安全 ………………………………… 117
第一节　金融投机的本质 ……………………………………… 117
第二节　金融投机与金融舞弊的关系 ………………………… 120
第三节　金融舞弊行为及其防范 ……………………………… 131
第四节　金融危机的根源及其危害性 ………………………… 137
第五节　金融危机与金融安全的关系 ………………………… 142

第五章　金融风险防范对策与金融安全保障措施 …………………… 153

　　第一节　深化经济改革与防范资本市场风险对策　………… 153

　　第二节　把脉宏观经济政策与预测预判金融市场风险 ………… 175

　　第三节　金融安全的保障措施 ……………………………… 190

参考文献 ……………………………………………………………… 201

第一章 金融安全概述

第一节 金融安全的概念

一、金融安全概念产生的背景

金融安全是国家安全的重要组成部分,是世界各国都关注的重要经济现象,是经济平稳健康发展的重要基础。我国经济正处在转变发展方式、优化经济结构、转换增长动力的攻关期,系统性金融风险较高。维护金融安全,是关系我国经济社会发展全局的一件战略性、根本性的大事。金融活,经济活;金融稳,经济稳。必须充分认识金融在经济发展和社会生活中的重要地位和作用,切实把维护金融安全作为治国理政的一件大事,扎扎实实把金融安全工作做好。

正如国家安全的含义随着时代的发展不断扩大一样,国家经济安全的含义也随着经济形势的变化不断延伸,当国家经济安全作为一个概念提出来的时候,并没有包括国家金融安全。应该说,金融安全是在特定的历史发展阶段才作为一个重要问题提出的。

由于"金融安全"与当前世界范围及一国国内经济金融发展的现状和实践都有着密切关系,因此我们从国际条件和国内条件两方面来看"金融安全"提出的历史发展阶段,可以发现该阶段具有这样的国际背景:国际资本流动日益自由,机构投资者的金融实力不断扩张,金融投机风潮不断发生,一个个国家接连爆发金融危机。如20世纪80年代初的拉美债务危机,英国英镑、意大利里拉危机(1992—1993年),墨西哥的比索危机(1994—1995年),巴林银行的倒闭（1995年），俄罗斯金融危机（1998年），巴西金融动荡（1999年），危害性和波及范围超乎寻常的东南亚金融危机（1997年由泰铢危机开始），以及阿根廷危机（2001年）等。

一国金融危机的发生通过国家间的传递，常常蔓延成一场全球性的金融危机，有些国家为解决金融问题直接耗费的资金高达几千亿美元，有些国家则在经济、政治上付出了更加惨重的代价。在这样一种国际经济和政治环境下，很多国家开始纷纷关注金融安全。

在东南亚金融危机中，我国没有直接受到打击是由于我国实行资本管制，金融体系的开放程度低。但是，随着全球经济、金融一体化及我国加入世界贸易组织，我国迟早要融入全球经济和金融体系中，将面临国际金融风险的侵扰。

就是在这样一个特定的历史阶段，金融安全成为国家经济安全的重要内容。尤其在东南亚金融危机爆发之后，世界上几乎所有国家都开始把金融安全这一命题作为目前乃至今后一段时期的研究重点。

二、金融安全的概念

（一）金融安全的定义

金融安全是指国家享有金融主权，国内金融体系能安全运行和发展，并且能够经受住来自国内外的冲击，面对冲击，能够迅速调整到新的安全状态。金融安全是金融经济学研究的基本问题，在经济全球化加速发展的今天，金融安全在国家经济安全中的地位和作用日益增强。金融安全是和金融风险、金融危机紧密联系在一起的，既可用风险和危机状况来解释和衡量安全程度，同样也可以用安全来解释和衡量风险与危机状况。安全程度越高，风险就越小；反之，风险越大，安全程度就越低；危机是风险大规模积聚爆发的结果，危机就是严重的不安全，是金融安全的一种极端情况。

作为整个经济和社会的血液，金融的安全和稳定直接影响到我国经济与社会的整体发展。一方面，如果失去了金融安全，极有可能引起社会动荡；另一方面，金融安全又必须建立在社会稳定的基础上，因为社会不稳定的某些突发性因素往往是引发金融危机的导火索。按照金融业务的性质划分，金融安全可分为银行安全、货币安全、股市安全等，其极端情况就是银行危机、货币危机、股市危机等。

（二）金融安全与金融风险、金融危机的关联性

金融安全是相对于金融不安全而言的，金融不安全的表现主要是指金融风险与金融危机。从理论上讲，金融风险是指金融机构在经营中由于经济、制度及其他各种不确定因素的存在而招致经济损失的可能性，并导致金融领域一系列矛盾激化，对整个金融体系的稳定造成潜在的破坏性威胁，包括支付性风险、市场风险、收益风险以及管理风险和内控风险等。金融风险可分为非系统性风险和系统性风险两种类型。非系统性风险是指由于内外部因素的一些影响，使个别金融机构遭受严重损失的可能性；而系统性风险则是指发生波及地区性和系统性的金融动荡或严重损失的可能性，涉及整个金融体系。非系统性的金融风险积累到一定程度，就有可能酿成系统性的宏观风险。

金融风险按照风险程度可划分为轻度风险、严重风险和金融危机，与之对应的金融安全则是金融基本安全、金融动荡和金融失控。毫无疑问，金融危机是危害金融安全最主要的途径，它可迅速导致经济体的"供血不足"，造成经济体"组织坏死"，同时还会引发政治的动荡，以及与国际社会的冲突等，如亚洲金融危机时印度尼西亚爆发的危机。

金融安全的特征可以从金融机构经营状况和金融运行态势上进行考察，其主要表现为金融机构经营的稳健性，金融运行的有序性、有效性和可持续性四个方面。金融机构经营的稳健性是金融安全的基础，理论上只有每一个金融机构都稳健经营，整个金融体系才会处于稳健的经营状态，才有稳健性。金融运行的有序性是就金融运行的状态而言的，它指的是在货币监管当局的监督管理之下，各级金融机构之间，各级金融机构与其客户之间，货币监管部门与金融市场之间按照市场经济的客观规律自我、合法、互利地运转；金融运行的有序性要求有一个健全的金融体系，也要求有一个良好的金融法治环境。金融运行的有效性是从效果上讲的，它表现为金融运行对资源配置的有效性，只有资源得到了有效合理的配置，金融安全才有了进一步完善的基础。金融运行的可持续性是从发展的角度来界定金融安全的。

三、金融安全的基本特征

（一）金融安全具有公共产品性

从某种意义上说，金融安全是一种社会公共产品，即社会个体对其有共同的消费需求，而个体又无法排除他人的单独消费。这样，公共产品消费上存在的"搭便车行为"也同样存在于对金融安全公共产品的消费上。而金融的外溢性又加重了这种行为，使得金融企业广泛存在着过度经营甚至是违规经营行为，忽视对金融安全的维护会危害金融安全。

（二）金融安全具有相对性

金融安全具有相对性。相对性具体表现为，金融安全对于金融风险是相对的，各个时期金融安全的要求和标准不一样，没有一个永恒的标准，而金融安全衡量标准的渐进性决定了实现金融安全是一个长期的不断发展的过程，金融安全的相对性具有外生关联性和内生关联性相统一的特征。外生关联性是指金融安全要以经济安全为基础，社会信用意识、信用环境以及金融系统内部的信用意识对金融安全有着至关重要的影响和作用，金融安全不能在静态中求得，必须要在金融与经济的健康持续发展中才能求得；内生关联性是指一方面要支持金融创新，另一方面又要加以监管，防范风险，维护金融安全。

（三）金融安全具有高度综合性

金融安全具有高度综合性，高度综合性体现在金融安全不是一个独立的问题，也不是一门独立的学科，它与经济学、政治学、国际关系学等很多学科都有着千丝万缕的联系，金融安全问题要靠多门学科的理论知识来解释，并需要协调方方面面才能得到较好的解决，具有较强的"蝴蝶效应"。

"蝴蝶效应"是来自混沌学的一个概念，用来说明初始条件敏感性的一种依赖现象，即指输入端微小的差别可以迅速地放大到输出端产生压倒一切的差别，好像一只蝴蝶今天在泰国扇一扇翅膀可能引起大气中一系列变化事件，最终导致纽约一场暴风雨的发生。金融安全同样具有"蝴蝶效应"，在金融全球化、金融自由化的趋势下，在国际市场瞬间就可以实现金融活动的自由传递，投机活动更为猖獗，"蝴蝶效应"不断重现。一国金融安全问题可以迅速传染给与之有经济联系的国家或者周边国家和地区，使金融危机的后果成倍放大，造成更多国家和地区的巨大损失。

金融安全的高度综合性加大了我们研究的难度和复杂程度，而它固有的"蝴蝶效应"又使之成为关系到全球金融局势稳定发展的十分重要的问题。因为一旦发生金融危机，危害将不堪设想。这也正是很多国家都开始重视金融安全问题的原因所在。

（四）金融安全具有动态性

世界上并没有绝对的安全，安全与危险是相对而言的，金融安全具有明显的动态性特征。这是因为，经济运行的态势是一种连续不断的变化过程，而在这一过程中，金融运行往往处在一种连续的压迫力和惯性之中。在经济快速增长时期，银行会不断扩张信贷，其结果有可能导致不良资产增加；在经济衰退时期，经营环境的恶化迫使银行收缩信贷，从而又使经济进一步衰退。这种状况可用现代金融危机理论中的金融体系脆弱性的长波解释。因此，金融安全是基于信息完全和对称及其反馈机制良好的运行基础上的动态均衡，安全状态的获得是在不断调整中实现的。

例如：对于市场基础良好、金融体系制度化、法律环境规范化且监管有效的一些国际金融中心来说，没有人担心金融工具创新会使银行处于不安全状态；而对于不良资产比例过高、十分脆弱的商业银行来说，新的金融工具带来金融风险的可能性就比较大。因此，金融安全应当是面对不断变化的国际、国内金融环境所具备的应对能力的状态。

金融安全是特定意义上的金融稳定。由于金融安全是一种动态均衡的状态，这种状态往往表现为金融稳定发展。但金融稳定与金融安全在内容上仍有不同：金融稳定侧重于金融的稳定发展，不发生较大的金融动荡，强调的是静态概念；而金融安全侧重于强调一种动态的金融发展态势，包括对宏观经济体制、经济结构调整变化的动态适应。国外的学者在研究有关金融危机的问题时，更多地运用金融稳定的概念而较少使用金融安全概念。

第二节 金融安全的影响因素

一、内在因素

金融安全的内在因素是指引起金融安全形势恶化的一国内部因素，包括国家经济安全、金融行业安全、金融市场安全、金融创新安全等。

（一）国家经济安全

国家经济安全对金融安全具有基础性作用。如果一国发生金融危机，当局通常都是通过动用各种资源来控制局势、摆脱危机。可动用的资源有行政资源和经济资源。行政资源如动员社会力量、争取国际社会的支持等，但更重要的是经济资源，而且要动用大量的经济资源来进行救助。显然，救助能否顺利实施，信心缺失能否弥补，都将取决于国家的经济安全状况与经济实力。

一国的宏观经济环境是否与金融体系相协调，即金融体系的运行是否有良好的宏观经济环境，如该国的产权制度状况、治理结构状况、内部控制制度状况等，都会影响经济安全，进而影响金融安全。

（二）金融行业安全

金融行业安全是国家金融安全的基础，金融行业安全是指金融行业的生存和发展不受威胁，或虽受威胁但处于能化解的状态。金融业是国民经济发展的"晴雨表"，是巨额资金的集散中心，涉及国民经济各部门。其经营决策的失误可能导致"多米诺骨牌效应"。金融行业在国民经济中处于牵一发而动全身的地位，关系到经济发展和社会稳定，具有优化资金配置和调节，反映、影响经济运行的作用。金融行业的独特地位和固有特点，使得各国政府都非常重视本国金融行业的发展。

（三）金融市场安全

金融的本质是资金的交易，而金融市场则是指以金融商品为交易对象所形成的供求关系及其机制的总和。讨论金融安全，同样离不开金融市场。从各国威胁金融安全的金融危机教训看，金融市场功能往往最容易受到冲击。

人类的金融行为经过数千年的发展，其金融资产交换的本质并没有改变。但是，随着科技的发展，金融行为所依赖的金融市场组织形式和交易手段却在不断地发生着巨大的变化。一般来说，一国金融市场运行的健康程度决定了一国经济的健康程度，金融市场的危机常常是一国金融安全的最直接威胁，是影响金融安全的直接因素。

（四）金融创新安全

金融创新与金融安全是密切相关的。金融创新的进一步深化发展成了金融体系促进实体经济运行的"引擎"。美国成为全球的头号经济强国和金融行业发展的"领头羊"也在很大程度上得益于此，但是美国在21世纪初爆发了次贷危机，继而演化成大萧条以来最严重的国际金融危机。金融创新一方面带来经济的快速发展、金融的活跃繁荣，另一方面过度创新、脱离实体经济的创新也可能导致经济的停滞和衰退、金融的动荡和崩溃，这无疑是一把威力强大的"双刃剑"。由此可见，深入了解金融创新和金融安全的辩证关系，有效发挥金融创新对金融发展的促进作用，防范金融创新对金融安全的冲击和危害，在确保金融安全的前提下进行金融创新，具有十分重要的意义。

此外，金融安全的内部影响因素还包括金融消费安全、金融监管、金融监测与预警等因素。

二、外在因素

金融安全既是一国政府经济发展的目标，同时也是政府的基本责任，因此当国与国之间的竞争加剧时，国家金融安全就面临更多的威胁。为了对一国金融安全制造威胁，对手国不惜一切手段制造金融危机，这些手段甚至包括战争手段或者模拟战争的手段，形成"金融战"来威胁对手国的金融安全。这些影响金融安全的因素主要来自一国的外部，主要是指一国外部的原因引起的金融安全形势的恶化，包括一国在国际金融体系中的地位、国际资本流动冲击、经济制裁、贸易壁垒、政治攻击甚至军事干预等。

（一）国际金融体系因素

一国在国际金融体系中的地位极大地影响着其维护金融安全的能力。如该国的货币是否为主要国际储备货币，该国是否拥有制定国际金融规则的主导权。

从西方主要发达国家的情况来看，它们不仅拥有相当健全的金融体系，而且在国际金融体系中占据主导地位，从而对国内金融市场和国际金融市场都具有极强的控制操纵能力，维护金融安全的资源极为丰富。在这些发达国家，即使金融安全发生了问题，通常也不会扩展为全局性的金融危机，金融仍可以维持稳定发展。与发达国家的状况相反，发展中国家在国际金融领域处于劣势，无力改变甚至难以影响国际金融市场，而且其发育程度低的内部金融市场和脆弱的金融体系往往受到来自发达国家的金融资本的控制。因此，对大多数发展中国家来说，如果金融安全发生了问题，往往会危及金融体系和金融制度的稳定，甚至还会危及经济社会安全。

（二）国际资本流动因素

来自一国经济外部的冲击，特别是国际资本流动的冲击将有可能成为引发金融体系不安全的直接原因。从近年来爆发的金融危机来看，国际资本流动通常都是将已经出现明显内部缺陷的国家或地区作为冲击的首选目标，特别是那些短期外债过多、本币汇率严重偏离实际汇率的国家或地区。国际资本流动通常采用的方式是：同时冲击外汇市场和资本市场，造成市场短期内的剧烈波动，实现其投机盈利的目的。在国际资本流动的冲击下，市场的剧烈波动必然影响投资者的市场预期和投资信心，这样就有可能出现市场恐慌，资本大量外逃，其结果是导致汇率和股票价格的全面大幅度下跌。为了挽救局势、捍卫本币汇率，中央银行往往采用提高利率的方式吸引外资，从而进一步打击国内投资、恶化经济形势，使本国经济陷入恶性循环。东南亚一些国家在亚洲金融危机中的情况基本上符合这一过程。

（三）经济制裁

经济制裁是对一些违反相关国际协议的国家采取的惩罚性措施，也存在于国与国之间。但是，在现实的联合国框架下，经济制裁往往被一些大国操纵。通常经济制裁主要会采取中断经济交往的手段，所以只有当制裁国与被制裁国之间处于完全不对等的经济发展水平时，经济制裁才会奏效，如发达国家与发展中国家、大国与小国、产业结构完整的国家与产业结构不完整的国家，通过经济制裁的手段，可以加剧经济体系的崩溃，增加金融体系的压力，诱发金融危机，从而受到金融安全威胁。

（四）网络攻击

随着计算机和信息技术的飞速发展，网络技术在给人类提供生活便利的同时，也在为人类制造新的威胁。现如今，世界各国都面临金融网络化的发展趋势，一方面是由于客户对便捷需求的增加，另一方面是因为金融机构的节约成本趋势。因此，金融体系向网络信息化的过渡已经成为不可避免的事实。从最初的存取款、日常交易等金融业务，到现如今整个金融体系均是建立在信息系统之上，如果没有网络技术的支撑将无法正常运转。所以，倘若金融体系遭受网络攻击，势必会对金融安全带来威胁，也必将成为金融安全的主要威胁之一。

（五）政治攻击

在现有的世界格局中，意识形态的差异已经成为某些国家政治攻击的借口。尤其是在当下的网络化时代，与传统媒体相比，自媒体对信息的传播速度已经远远胜出，即使是谣言，也可能影响普通民众的行为判断。一些媒体机构本身被政治利益集团所收买，对其他国家的文化及制度进行无端指责，这实际上是一种政治攻击行为。部分西方国家时常利用媒体推销其价值观，对其他国家进行政治攻击，从而动摇被攻击国家的投资者信心，导致资本外逃，制造金融危机，威胁金融安全。

（六）领土争端

从表面上看似乎两国之间的领土争端与金融安全并无关联，但实际上，领土争端在一定程度上会影响国际的资本流动，从国际资本流动的目标看，除了考虑投机收益外，国际资本也会考虑自身的安全。因此，领土争端在一定程度上增加了国际资本的不安全感，领土争端会导致相关国家的投资环境风险加剧，从而构成金融威胁。

（七）恐怖袭击

恐怖袭击是恐怖组织人为制造的极端事件，但对金融安全也是重要的威胁因素之一。以2001年的美国"9·11"恐怖袭击事件为例，这次事件是世界公认的最严重的恐怖组织袭击事件之一，人们更多地从宗教和政治的角度去解读这次事件，但是这次恐怖事件后，美国和英国的金融市场同样受到重创，直接造成了巨大的金融财产损失。与此同时，恐怖事件带来的投机套利又诱发了短期的金融危机，成为金融安全的严重威胁。尽管近年来的恐怖袭击区域小规模化，但是恐怖袭击仍是影响金融市场的非常重要的因素之一，也是金融安全的潜在威胁。

（八）军事干预

军事干预下的战争手段本身就是一国的系统性风险，因此军事干预也是一国金融安全的极端威胁手段。一般来说，采用军事干预手段是在其他手段都无法奏效，或者说达不到干预国预期目标的时候，才会通过这种手段来实现目的。军事干预至少会造成局部战争，对被干预国的金融体系造成直接威胁。对于经济大国，干预国很少会采用这种方式，因为其直接后果将会是战争。一旦军事干预手段演化为战争时，相关国家的金融安全就无法得到保障了。所以，军事干预手段是金融安全的极端威胁手段。

除了以上因素外，金融安全威胁可能会采用纯经济和外交等手段来进行，也可能采用综合使用的手段来进行，从而达到"金融战"的目的，对一国的金融安全造成威胁。金融安全状态赖以存在的基础是经济主权独立。如果一国的经济发展已经受制于他国或其他经济主体，那么无论其如何快速发展，应当说金融安全隐患始终存在，金融安全的维护也就无从谈起。金融全球化加大了发达国家和发展中国家之间的差距。金融全球化的发展使国际社会日益重视统一标准的制定与实施，由于发达国家掌握了金融全球化的主导权，按发达国家水平制定的规则必然不能有效保护发展中国家的利益，使其难以获得所需的发展资金，从而进一步扩大了发展中国家与发达国家的差距。国际经济金融中存在着不平等的客观现实，促使一些国家开始关注金融安全。

第三节　金融安全相关理论

一、亚当·斯密的经济安全思想

相对于传统的金融理论研究，学术界对于金融安全的专门研究起步较晚，它是经济安全研究在新阶段的主要内容和重要任务。因此，对金融安全相关理论的探讨仍然必须以对经济安全研究的回顾为重要起点。

早在1776年，经济学之父亚当·斯密[①]已在《国富论》中体现出了他对经济安全问题的关注。亚当·斯密出于国际分工利益的角度考虑主张自由放任、公平地进行贸易竞争。然而，在涉及国家安全时，亚当·斯密却一反其放任自由竞争的主张，提倡运用国家政权力量对国防所必需的制造业予以支持和扶植，认为"国防比国富重要得多"。亚当·斯密认为，迫使大部分的英国资本违反自然趋势，流入这种贸易，这似乎就破坏了英国一切产业部门间的自然均衡。英国的产业不和多数小的市场相适应，而主要和一个大市场相适应。英国

---

① 亚当·斯密（Adam Smith，1723—1790年），英国经济学家、哲学家、作家，经济学的主要创立者。

的贸易不在多数小的商业系统进行，而主要被吸引到一个大的商业系统上去。这样它的整个工商系统也变得较为不安全了，其政治组织的全部状态也变得比较不健康了。人为地造成了一个大血管过分膨胀，并迫使大部分的产业与商业流入这个血管，这样血管要是略有阻滞，就会使全部政治组织陷入最危险的紊乱中。亚当·斯密认为，由于贸易中获得的利润大于正常利润，从而导致过度贸易，结果可能就是商业金融危机。亚当·斯密在反对通过关税施加对国内制造业长久保护的同时，仍然注意到外国廉价产品对民族产业的冲击。实际上，产业和贸易的不均衡，尤其是对于某些关系到国计民生的重要产业，若过分依赖国外市场，将会导致国民经济发展的不安全后果。此时，具有国际竞争力的国防工业和其相关产业的发展，是稳固一国国际地位以及保障国家经济安全的重要后盾。

进入20世纪80年代，随着经济全球化进程的推进，国家间的相互依赖、相互影响不断加深，经济安全问题由此显得更为突出，战略性贸易政策的理论应运而生。这些理论强调政府应该对那些具有显著外部经济因素的产业提供适当的保护和扶植，认为在一国不完全竞争特别是寡头竞争的市场上，国家应该采取措施实现将外国利润向本国的转移，在外部经济的作用下促进国际竞争力的形成，进而带动与之相关的产业的发展。

二、传统的金融安全理论

由于金融危机是金融不安全状况积累后爆发的结果，可以说，金融危机是金融不安全的极端形式。从危机的历史表现看，金融危机不仅危及金融体系的稳定运行，而且威胁金融制度的安全，甚至对金融主权和国家安全造成实际损害。因此，金融危机的理论构成了金融安全理论的基础。

尽管金融安全问题的提出始于20世纪80年代，然而早在18世纪，西方学者就已经开始了对金融危机研究的尝试，并形成了一些零散的理论成果。有学者指出，危机是一种商业投机导致的商业现象，并指出危机主要是由道德和心理因素造成的。西方学者对金融危机理论的系统研究始于1929—1933年的大危机，其后，20世纪每一次金融危机的爆发都促使人们对金融危机理论进行反思，从而使金融危机理论在这种反思中不断发展和完善。

早在1929—1933年大危机后，西方学者开始对金融危机进行系统的理论研究。欧文·费雪（Irving Fisher）于1933年发表《大萧条的债务－通货紧缩理论》，认为同时出现负债过度和通货紧缩现象是引发金融危机的最根本原因。他从实体经济周期入手研究发现，当经济陷入衰退后，企业销售能力不断下降，清偿能力逐步丧失，银行债务难以收回，出现流动性困难，致使银行收缩信贷，引起通货紧缩。与此同时，借款企业为了清偿债务被迫低价抛售，使整个社会物价水平下降，如此反复形成恶性循环，这一过程造成名义利率下降和实际利率上升，形成"债务—通货紧缩"的恶性循环，大量破产、失业和悲观情绪在所难免，金融危机就此爆发。

海曼·明斯基（Hyman P. Minsky）于1974年提出"金融不稳定假说"，在费雪理论的基础上提出金融脆弱、金融危机和经济周期发展具有内在联系，认为银行等信用创造机构和借款人的相对特征使得金融体系具有内在不稳定性特征，金融和经济运动的周期变化为市场经济的自发调整，认为政府干预不能从根本上消除金融危机，金融危机不可避免。

以米尔顿·弗里德曼（Milton Friedman）为代表的货币主义认为，美联储货币政策失误是造成金融体系的内在脆弱性并导致大危机的根本原因。一国货币政策会调节货币供给，失误的货币政策会使一些轻微的、小规模的金融问题演变为剧烈的、全局性的金融动荡。例如，中央银行推行不当的紧缩性货币政策，将会引起市场利率的上升，提高从银行筹资的成本，如果这种局面长期得不到改善，就可能造成银行的大量破产倒闭，引发大规模的金融危机。

查尔斯·金德尔伯格（Charles P. Kindleberger）在其《疯狂、惊恐和崩溃：金融危机史》中构建了一个包括投机、信用扩张、高峰时期产生金融困难、危机爆发，以及市场恐慌与崩溃而告终的模型，认为资产价格连续上升使得投机者产生进一步价格上升的预期，然而这个价格上升往往会导致金融危机预期及价格的陡然下降，造成泡沫的破裂。

三、开放条件下的金融安全理论

西方工业化国家在"二战"之后进入经济增长和国际贸易发展的"黄金时期"。20世纪60年代，先后爆发两次美元危机，随后，西方各国纷纷摆脱与美元挂钩的固定汇率制，布雷顿森林体系彻底崩溃。然而，浮动汇率制度灵活多变的特点也给国际交易带来了巨大风险，为了避险产生的金融衍生工具得以迅速发展，但衍生工具并不能彻底消除金融风险，风险的高度集中更容易诱发金融安全事件，爆发金融危机。

对开放条件下金融安全理论研究较有代表性、解释力较强的是以克鲁格曼（Krugman）、弗拉德（Flood）和加勃（Garber）为代表的第一代货币危机模型，以奥伯斯特菲尔德（Obstfeld）为代表的第二代模型和以道德风险等危机模型为主的第三代理论模型和第四代模型。[1] 他们以理性预期为基础，通过数理分析，建立了金融危机的模型。

1979年，美国经济学家克鲁格曼提出著名的国际收支危机模型，指出政府宏观经济政策与固定汇率制度之间的冲突是货币危机的根源。固定汇率制下，当政府推行扩张的财政和货币政策，特别是持续性的财政赤字货币化时，国内

---

[1] 张炳辉.金融安全概论[M].北京：中国金融出版社，2018.

货币供给增加，本币利率下降，市场上产生本币贬值预期，投机者会因此抛售本币购买外币。政府为稳定汇率，利用外汇储备购买本币，外汇储备不断流失以至耗尽，固定汇率制度自然崩溃，货币危机发生。弗拉德和加勃在克鲁格曼的国际收支危机模型的基础上，引入经常账户失衡、盯住的汇率水平的偏差、产出影响估计的失误等一系列变量，认为外汇储备降低到某种程度时，金融危机必然会发生。克鲁格曼倡导的第一代货币危机模型重视一国宏观经济政策在促成货币危机中的重要作用，认为货币危机是理性经济主体面对相互冲突的货币和汇率政策追求收益最大化行动的均衡结果。

20世纪80年代以来，国际资本大规模流动，金融动荡在世界范围内此起彼伏，对第一代危机模型提出了挑战，人们发现一些发生金融危机的国家在危机前经济基本面都保持了良好的状态，那些放弃固定汇率制的国家，外汇储备并没有像模型中描述的外汇储备全部耗尽，因此第一代危机模型在解释所有金融危机时仍有局限。

以奥伯斯特菲尔德为代表提出的第二代危机模型从预期的角度分析了政府不执行扩张性财政、货币政策时固定汇率制度崩溃的可能性。政府维护汇率的过程是一个复杂的多重均衡的动态博弈过程，政府依据成本与收益进行的相机抉择，导致中长期政策的不一致性，致使越来越多的投资者产生本币贬值的预期，形成了风险的根源。在这种情况下，投资者的情绪、预期的变化引来了投机资本的攻击，将经济从一个汇率的均衡点推向另一个货币贬值的均衡点，使政府由于维持成本太大而不得不放弃固定汇率制，从而引发理性预期导致的危机自我实现。

1997年爆发的亚洲金融危机促使学术界在原有两代模型的基础上尝试提出更加具有解释力的理论，建立了第三代危机模型。与前两代模型着眼于汇率制度、宏观经济政策等分析范围不同，第三代模型强调金融中介、资产价格变化在金融危机发生过程中的作用，即认为金融体系本身是脆弱的，加上"道德风险""隐形赤字""负担过重"等因素，使一国金融体系更脆弱，遭受"自促成"式危机在所难免。戴蒙德（Diamond）和戴伯维格（Dybvig）提出的"D-D模型"认为，金融危机来源于银行挤兑危机。他们进一步指出银行作为金融中介机构要承担巨大的资产损失风险，一旦资不抵债，存款人恐慌导致流动性要求提高，发生挤兑，当挤兑大范围发生时，整个银行体系危机将在所难免。对此，克鲁格曼等学者提出道德危害模型，认为政府为金融机构提供显性和隐性担保会助长金融机构的投机冒险心理，导致资产泡沫。当这些泡沫崩溃所形成的巨额呆账使政府担保难以为继时，资产价格会继续下跌，最终导致固定汇率制度失守。

瑞德里克（Radelet）和萨克斯（Sachs）等经济学家则强调金融恐慌源于一国的基本面恶化，认为宏观基本面因素变化是决定危机、导致危机蔓延的根本原因，以及由此引发的一系列突发性金融和经济事件及各国政府和国际组织对危机的处理不当，导致大规模的资金外流，最终导致危机恶化。

随后，克鲁格曼等先后在第三代危机模型的基础上，研究资本账户的波动如何造成货币危机和金融危机，指出如果一国承担的外币偿还债务高，而该国本币又发生大幅贬值的情况下，一国的债务负担会大大增加，并引起该国产出减少和投资萎缩，资产负债表效应越大，经济出现危机的可能性就越大。

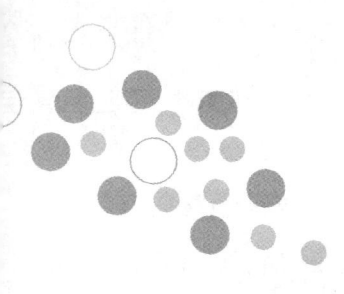

第二章　宏观经济与金融市场的互动机理和风险管理

第一节　宏观经济与金融市场互动机理

一、宏观经济政策

宏观经济政策是指我国为推动国民经济稳定发展，促进社会建设稳定等重要发展项目，运用有效经济策略来宏观调控社会经济的主要标准，有序调节和控制宏观经济正常运行。在当前市场经济不断变动的趋势下，宏观经济政策需要根据市场经济变化情况以及政策目标进行合理调整和改变，具备一定的不稳定性。简而言之，宏观经济政策是一项不稳定性较强、有效期限较短的经济政策。就宏观经济政策而言，根据金融市场经济发展状况来合理、科学调整政策策略是其根本准则，即以金融市场为主要对象，充分围绕市场经济结构变动趋势展开，科学把握调控原则，使市场经济控制在合理范围之内。

（一）财政政策

财政政策是指政府变动税收和政府支出以便影响总需求，进而影响就业和国民收入的政策。政府支出有两种形式，一种是政府购买（即政府在商品和劳务方面的花费），另一种是转移支付（以提高特定群体的收入）。除了通过税收获取收入之外，政府也可以通过发行债券来为相关支出筹集资金。

2014年新修订的《中华人民共和国预算法》（以下简称《预算法》）的颁布标志着中国全口径预算制度的初步建立。《预算法》规定，中国财政收支

第二章 宏观经济与金融市场的互动机理和风险管理

目前包括四本账:一般公共预算、政府性基金预算、国有资本经营预算和社会保险基金预算。一般公共预算分为中央和地方两个部分,以税收收入为主,主要用于政府部门日常开支、维护国家安全和保障民生的预算。政府性基金预算是指国家通过向社会征收及出让土地、发行彩票等方式获得收入,专项用于支持特定基础设施建设和社会事业发展而发生的收支预算。国有资本经营预算是指使用和经营国有资产所发生的各项收支的预算。社会保险基金预算是指安排和管理社会保险的年度基金收支计划。值得一提的是,财政赤字不是全国一般公共预算收入简单减去一般公共预算支出的差额,还要考虑使用预算稳定调节基金、从政府性基金预算和国有资本经营预算调入资金、动用结转结余资金等因素。

税收一直是中国财政收入的主要来源,但其重要性随着时间的推移而有所下降。2019年,企业所得税收入接近中国税收总收入的四分之一,而消费税、个人所得税与关税收入的占比分别为8.0%、6.6%与1.8%。[①] 中国的企业除了缴纳各种税收之外,还要缴纳很多不同种类的费用,以至于中国企业的真实税收负担在全球位居前列。更重要的是,中国地方政府债务的分布并不均匀。总体而言,东部地区政府债务压力较低,而西部地区政府债务压力较大。

1994年分税制改革是重新划分中央政府与地方政府财税关系的划时代事件。在1994年分税制改革前夕,中央财政收入占全国财政收入的比重约为30%,中央财政支出占全国财政支出的比重也约为30%。换言之,当时中央政府与地方政府的"财权"(财政收入)和"事权"(财政支出)划分是大致均衡的。而在1994年分税制改革之后,中央财政收入占全国财政收入的比重提高至50%以上,同时中央财政支出占全国财政支出的比重却逐渐下滑至

---

① 张明.宏观中国:经济增长、周期波动与资产配置[M].北京:东方出版社,2020.

15%左右。这就意味着,在1994年分税制改革后,中央政府的"财权"明显大于"事权",而地方政府的"财权"明显小于"事权"。

分税制改革增强了地方政府对中央政府的依赖,从而加强了中央政府在经济工作方面对地方政府的领导。此外,分税制改革还提升了中国财政制度的汲取能力,增强了中国政府调节地区差异和促进基本公共服务均等化的能力,为宏观经济调控和各项目标的实现奠定了坚实的财力基础。1994年的分税制改革改变了地方政府的约束和激励机制,使得地方政府的恶性竞争逐渐演变为实现经济增长而展开的良性竞争,导致中国工业化和资本积累的加速,最终造就了中国经济的高速增长。中国县际的良性竞争是中国经济持续高速增长最主要的原因之一,而1994年分税制改革的实施(分税制改革可以视为一个新的分成合约)进一步强化了县际竞争。

然而,分税制改革客观上也造成了以下事实。

第一,地方政府要靠来自中央政府的转移支付才能平衡预算,但中央政府的转移支付以专项转移支付为主。换言之,地方政府必须要有具体项目,才能到中央政府那里(特别是发改委那里)申请专项转移支付,这就产生了所谓"跑部钱进"的现象,进一步造成了各地对大项目的白热化争夺,加剧了重复建设与产能过剩的局面。

第二,地方政府自然会积极寻求各种预算外收入。在2000年之后,土地出让金逐渐成为地方政府最主要的预算外收入来源。地方政府官员可谓"微观经济学"专家。他们清楚地知道,土地是一种需求价格弹性较低的商品。要最大化土地出让金收入,就应该降低土地供应量,由此带来的土地价格上升将会导致土地出让金收入最大化。因此,无论中央政府出台何种房地产宏观调控政策,地方政府都会控制土地出让的规模,土地出让价格都会"岿然不动",这自然会阻碍中央政府房地产调控目标的实现。

（二）货币政策

货币政策是指中央银行为实现特定经济目标而采取的各种控制和调节货币供应量和信用量的方针、政策和措施的总称。货币政策常用工具包括基准利率、法定存款准备金率、公开市场操作、再贴现与再贷款等。

有必要区分一下货币政策的最终目标与中间目标。对中国央行而言，货币政策的最终目标包括物价稳定、经济增长、充分就业与国际收支平衡。货币政策的中间目标则是位于货币政策操作工具与最终目标之间的、央行在一定时期内和特定经济状况下能够用一定精度实现的目标。货币政策中间目标的选取应该具有可测性、可控性、与最终目标良好的相关性及抗干扰性等特征。中国央行过去常用的货币政策目标是货币供应量（广义货币M2增速），而目前正在过渡至市场基准利率。中国的货币政策操作框架正在从以数量调控为主转变为以价格调控为主，但转变过程并非一帆风顺，也很难一蹴而就。例如，伍戈与李斌指出，中国特色的投融资体制、结构扭曲下的产业空心化、政府行为对经济周期的影响等因素，均构成了对中国货币政策由数量型调控转变为价格型调控的掣肘因素。[1]

作为货币政策分析的起点，我们不妨来看看中国央行的资产负债表。各种货币政策工具的变动都可能导致央行资产负债表具体项目的变动。截至2019年年底，中国央行的总资产与总负债均为37.11万亿元。在资产方，国外资产是大头，占到总资产的59%，其中绝大部分是外汇储备，这是中国央行因在外汇市场上购买外汇而形成的资产。[2] 对其他存款性公司债权和对其他金融性公司债权则是中国央行通过再贷款再贴现操作而形成的资产。在负债方，储备

---

[1] 伍戈,李斌.货币数量、利率调控与政策转型[M].北京：中国金融出版社,2016.
[2] 张明.宏观中国：经济增长、周期波动与资产配置[M].北京：东方出版社,2020.

货币是大头，占到总资产的87%，其中占主体的是其他存款性公司存款，这是商业银行缴存的法定存款准备金与差额存款准备金。债券发行是指中央银行发行的央行票据余额。政府存款则是中国政府存在中央银行的财政存款。

货币政策操作将会造成央行资产负债表的变动。例如，如果中国央行向商业银行提供再贷款，那么资产方"对其他存款性公司债权"将会增加，负债方"其他存款性公司存款"也会相应增加，这意味着基础货币发行规模将会上升。又如，如果中国央行降低商业银行的法定存款准备金率，那么法定存款准备金的下降将导致超额存款准备金的相应增加，央行资产负债表总体规模不变。再如，如果央行发行央行票据，那么负债方"债券发行"将会增加，同时负债方"其他存款性公司存款"将会相应减少，央行资产负债表总体规模不变。

中国的货币统计有三种口径。M0是指流通中现金，M1是指流通中现金加上企业活期存款，M2是指流通中现金加上所有银行存款。1978—2019年，M0与M1的余额与GDP的比率均保持基本稳定，但M2与GDP的比率却随着时间推移而显著上升。截至2019年年底，M0、M1与M2的余额与GDP的比率分别为7.8%、58.1%与200.5%。不少学者将高达200%的M2/GDP视为中国货币超发的标志，认为这是造成流动性泛滥与资产价格泡沫的根本原因。然而事实上，中国的高储蓄才是M2/GDP居高不下的根本原因。而随着国民储蓄率的下降，中国的M2/GDP已经由2016年年底的207.7%的历史性高点下降至2019年年底的200.5%。

迄今为止，中国金融市场始终由商业银行间接融资主导。虽然在2002—2019年，银行信贷占新增社会融资规模的比重总体上持续下降。但截至2019年，该比率依然高达65.5%。相比之下，2019年非金融企业国内股票融资占新增社会融资规模的比重仅为1.36%。与低迷的股票市场相比，中国的企业债市场发展得更快一些。2019年，企业债券融资占新增社会融资规模的比重达到12.7%。由于银行融资依然占据主导地位，因此自2009年以来的中国宏观杠杆率的快速攀升，也意味着中国商业银行总体资产质量的持续下降。未来中国商业银行体系爆发新一轮不良资产浪潮将是大概率事件。

在相当长时间里，中国金融市场上没有银行间市场基准利率，中国式基准利率是由中央银行设定的存贷款基准利率。在2016年之前的相当长时间里，调整存贷款基准利率都是中国央行进行货币政策调控的重要手段。存贷款基准利率之间的宽阔利差构成了中国商业银行巨额利润的主要来源。中国央行在绝大多数情形下都对存贷款基准利率实施对称式调节，因为这样做可以保持商业银行存贷款利差的稳定。

中国的利率市场化改革是从1996年6月中国央行放开银行间同业拆借利率开始的，到2015年放开存款利率浮动上限时基本完成，历时约20年。利率市场化改革遵循"先外币，后本币；先贷款，后存款；先长期，后短期；先大额，后小额"的总体思路向前推进，大致经历了渐进的贷款利率市场化（1996—1999）、贷款利率完全放开后渐进的存款利率市场化（1999—2013）、存款利率完全放开（2014—2015）三个阶段。

迄今为止，中国的利率市场化进程尚未结束。一个突出问题是在商业银行贷款方面存在贷款利率与银行间市场利率脱节的"双轨制"现象。换言之，商业银行在发放贷款时还是主要参照央行设定的贷款基准利率定价，而较少使用更为市场化的贷款市场报价利率（LPR利率）定价。2019年中国央行推出了贷款利率"两轨合一轨"的改革。这次改革的核心内容有二：一是对贷款市场报价利率的报价机制进行改革，由过去的参考贷款基准利率报价改为参考央行公开市场操作利率（MLF利率）报价；二是将商业银行是否在贷款定价时参考贷款市场报价利率纳入宏观审慎评估考核，借此来督促商业银行使用贷款市场报价利率进行定价。如果这一改革能够顺利推进，那么未来中国商业银行在提供贷款时就能够根据银行间市场的利率变化来相应调整贷款利率。在2019年改革以后，贷款市场报价利率改变了过去基本上保持水平的特点，已经发生了较为显著的下降。

法定存款准备金率的变化能够显著影响货币乘数，进而造成银行体系流动性的放松或收紧，且实施后短期内通常不会逆转方向。因此，法定存款准备金率调整被视为货币政策的"重器"。在相当长时间内，法定存款准备金也一直是中国央行经常使用的货币政策工具。不过，法定存款准备金率调整不一定意味着货币政策扩张或收缩。例如，在2006年至2008年上半年，中国央行曾经频繁上调法定存款准备金率（由7%左右上调至17%上下）。之所以进行如此频繁的上调，主要目的是冲销中国央行在外汇市场上大量购买外汇而被动投放的基础货币，避免央行购买外汇的操作加剧国内流动性过剩。换言之，在这段时间内，法定存款准备金率是与央行票据类似的冲销政策工具。在2008年国际金融危机爆发后，中国人民银行开始实施差别化存款准备金率的政策，对大型和中小型存款类金融机构开始实施不同的准备金率政策，这被市场解读为中国央行结构化货币政策的滥觞。2015年年初至2020年年初，中国央行连续多次下调法定存款准备金率。这一做法其实也包含两重政策含义，一是放松货币政策以提振经济，二是在短期资本持续外流的背景下向中国金融体系提供基础货币。

商业银行除了向中央银行缴存法定存款准备金外，为了支付清算的便利，它们通常还会缴存更多的资金给央行，这就是所谓的超额准备金。在2001—2008年，金融机构的超额存款准备金率由6%~8%下降至2%左右。2008—

2019年，金融机构超额存款准备金率一直在2%上下波动。比较而言，农信社的超额存款准备金率显著高于金融机构平均水平，且从2014年起呈现逐渐上升态势。这意味着农信社闲置的富余资金较多（很可能是缺乏投资机会的结果），因此农信社通常成为其他金融机构拆借资金的对象。

公开市场操作是指中央银行通过买入或卖出有价证券来吞吐基础货币、调节货币供应量的活动。与其他货币政策工具相比，公开市场操作具有主动性、灵活性（可以进行微调）、时效性等特点。中国央行的公开市场操作包括回购与逆回购、现券交易与央行票据等种类。从2017年起，中国央行的公开市场操作更为频繁，吞吐货币的规模也明显放大。相比于法定存款准备金率调整，公开市场操作更为灵活，调节方向也更容易转向。

二、金融市场

（一）金融市场的概念

金融市场是资金流通的场所，以交易金融资产为目的。按照金融商品的交易内容，金融市场有广义和狭义之分。广义的金融市场是把社会的一切金融业务，如银行存款业务、贷款业务、保险业务、信托业务、贵金属买卖业务、外汇买卖业务、金融同业资金拆借业务和各类有价证券的买卖都列入金融市场的范围内；狭义的金融市场则把存贷款业务、保险业务、信托业务排除在外，只把金融同业间的资金借贷、外汇买卖和各种有价证券交易活动看作典型的金融市场行为。

金融市场融通资金的具体途径主要有以下两条。

一是由资金不足的单位发行金融工具，通过与资金有余的单位直接协商，由资金有余的单位购入资金不足的单位所发行的金融工具，从而融入资金。资金不足的单位也可以在公开市场上，通过经纪人或交易商将发行的金融工具卖给资金有余的单位,实现两者之间的资金融通。这种融资途径称为直接融资。

二是通过金融机构发行间接金融工具的形式吸收资金有余的单位的资金,再由金融机构向资金不足的单位融通资金,即间接融资。两种融资途径构成现代金融市场活动的基本内容。

(二)金融市场的构成要素

金融市场的主体、金融市场的客体和组织方式是现代金融市场的要素。

1. 金融市场的主体——金融市场的参与者

按不同的分类方法,金融市场的主体可以划分为几大类。首先,按照资金的关系划分,金融市场的主体可分为资金供应方、资金需求方、中介机构、管理者和国家金融监管机构四类。金融市场的资金供应方主要是经常出现资金盈余的工商企业、公司、单位、个人以及海外投资者。金融市场的资金需求方主要是公司、企业部门和政府部门。由于它们进行超过自身资金能力的投资,因此容易出现资金不足的情况。中介机构则是指商业银行、投资银行和其他非银行金融机构。这些机构直接充当资金供、需方的中介人,或是通过各种形式吸收资金,然后再分配出去。管理者及国家金融监管机构主要是根据法律规定对国家的金融体系进行监督管理。其职责包括按照规定监督管理金融市场,发布有关金融监督管理和业务的命令和规章,监督管理金融机构的合法合规运作等。

其次,按照参与金融市场活动的主体来划分,金融市场的参与者大致分为六类,即金融机构、工商企业、家庭或个人、政府部门、海外投资者、中央银行。

(1)金融机构

金融市场的第一个主体是金融机构,它是金融市场运行的主导力量。无论是短期金融市场的拆借市场、贴现市场、抵押市场、外汇市场,还是长期金融市场的股票、债券发行市场,证券交易市场,黄金市场,国际金融市场都离不开金融机构。金融机构一般分为存款性金融机构和非存款性金融机构。

①存款性金融机构。这类金融机构一般包括以下几类。

第一，商业银行。在存款性金融机构中，商业银行是最主要的一种存款性金融机构。商业银行在金融市场上具有很大的作用。首先，供应资金。商业银行是短期金融市场上的主要投资者，它通过同业拆放、票据贴现、抵押放款、买进债券等方式为市场供应资金。其次，筹集资金。商业银行要向金融市场供应资金，光靠自身的资本（资金）是远远不够的，它还必须在金融市场上筹集资金，如通过吸收储蓄存款、售出短期债券、再贴现等方式拆入资金。再次，提供金融工具，如存款单、信用卡、支票、承兑汇票。商业银行一方面出售这些金融工具吸收资金，另一方面又购入工商企业或政府的股票、债券运用资金。最后，充当金融市场交易媒介。商业银行是短期金融市场的交易媒介。它们类似于批发商，一方面大量买进国库券、政府债券（买进有价证券是为了出卖有价证券，从中获得手续费或买卖差价），另一方面又化整为零地向企业和公众推销这些有价证券。商业银行既是金融市场的资金供应者，又是资金需求者，它们掌握着金融市场上的大部分资金，因而对市场上的资金流动和市场的行情有着巨大的影响。

目前我国商业银行主要包括四大国有股份制商业银行、新兴的股份制商业银行、城市商业银行、农村商业银行等。

第二，储蓄机构。在西方国家有一种专门以吸收储蓄存款作为资金来源的金融机构，这就是储蓄机构。储蓄机构的大部分资金用来发放不动产抵押贷款、投资国债和其他证券。与商业银行相比，储蓄机构的资产业务期限长，抵押贷款比重高。政府常利用储蓄机构来实现某些经济目标。在金融市场上，它们与商业银行一样，既是资金的供应者，又是资金的需求者。

第三，信用合作社。信用合作社是由某些具有共同利益的人组织起来的互助性质的会员组织，其资金来源主要是会员的存款。其资金用于为会员提供短期贷款、消费信贷、票据贴现及证券投资，也有部分资金用于同业拆借和转存款等。随着金融市场竞争的加剧和金融市场的发展，信用合作社的业务有拓展的趋势，其资金来源及运用原来以会员为主，现在逐渐多元化，因而信用合作社在金融市场上的作用也越来越大。

②非存款性金融机构。金融市场上另一类重要的金融机构参与者就是非存款性金融机构。和存款性金融机构吸收公众存款不一样，它们主要是通过发行证券或以契约性的方式聚集社会闲散资金。非存款性金融机构主要有投资银行和保险公司。

第一，投资银行。投资银行是资本市场上从事证券的发行、买卖及相关业务的一种金融机构。最初的投资银行是为满足长期证券的发行及推销要求而产生的。目前，投资银行的业务除了证券的承销，还涉及证券的自营买卖、公司理财、企业购并、咨询服务、基金管理和风险资本管理等。在金融市场上，一方面，投资银行为需要资金的单位（包括企业和政府部门）提供筹集资金的服务；另一方面，投资银行充当投资者买卖证券的经纪人和交易商。在当今世界，投资银行已成为资本市场最重要的金融中介机构，无论是在一级市场还是二级市场都发挥着重要的作用。

第二，保险公司。保险公司包括人寿保险公司及财产和灾害保险公司。人寿保险公司是为人们因意外事故或死亡造成的经济损失提供保险的金融机构。财产和灾害保险公司是为企业及居民提供财产意外损失保险的金融机构。保险公司的主要资金来源于按一定标准收取的保险费。一般来说，人寿保险具有保险金支付的可预测性，并且只有当契约规定的事件发生时或到约定的期限时才支付。因此，保险费实际上是一种稳定的资金来源。这与财产和灾害保险公司不同，财产和灾害事故的发生具有偶然性和不确定性。它们之间的差别决定了其资金运用方向不同。人寿保险公司的资金运用以追求高收益为目标，主要投资高收益、高风险的证券和股票，也有一部分用作贷款。因此，人寿保险公司是金融市场上的主要资金供应者之一。在一些西方国家，人寿保险公司是金融市场上最大、最活跃的机构投资者。财产和灾害保险公司在资金的运用上注重资金的流动性，以货币市场上的金融工具为主，还有一部分资金用于投资安全性较高的政府债券、信用级别高的企业债券等。

③养老基金。养老基金是一种类似于人寿保险公司的专门金融组织。其资金来源是公众为退休生活所准备的储蓄金，通常由资方（雇佣方）和劳方共同缴纳，也有单独由资方缴纳的。养老金的缴纳一般由政府立法加以规定，因此其资金来源是有保证的。与人寿保险一样，养老基金也能较精确地估算未来若干年应支付的养老金，因此其资金主要用于投资长期公司债券、股票和长期贷款。养老基金也是金融市场上的主要资金供应者之一。

（2）工商企业

工商企业是指专门从事商品生产和商品流通的独立经济核算单位。它拥有一定数量的资金（包括固定资产和流动资金），依法履行登记、批准手续，在银行开设账户，具有法人资格，能独立承担民事责任。工商企业是国民经济的细胞，也是金融市场运行的基础。金融市场的其他主体都与工商企业有着密不可分的联系。工商企业要向政府部门缴纳税款，向金融部门借款并支付利息，向投资者筹资并支付利息和红利，向企业内部职工支付工资。企业之间也要相互交换商品，支付原材料费等货款。同时，工商企业还要向上述部门和个人销售商品获得收入，作为上述各项资金的来源。

（3）家庭或个人

家庭或个人是金融市场上的资金供应者。在世界各国，家庭或个人一般都是收入大于支出的投资者。他们在金融市场进行投资，对金融市场运行起到的作用主要表现在投资的总量上。他们对各种金融资产选择的偏好不同：有的家庭或个人的投资目的是获得高额的利息或红利收入，他们会选择股票或一些信用级别低的债券，相应地，承担的风险也就更大；有的家庭或个人投资以安全为第一考虑要素，他们会选择债券基金、货币基金、国债等风险较小的投资方式。

（4）政府部门

政府部门是金融市场上资金的主要需求者。政府为弥补财政赤字或通过扩大政府开支的政策来刺激经济的增长，都要靠向金融市场发行国债来弥补财政收入的不足。因此，政府部门是短期金融市场和长期金融市场的主要参与者。它在短期金融市场上发行国库券，在长期金融市场上发行公债、地方政府债券和政府担保债券。目前，世界上一些发达国家（如美国、日本）的国债（指未还本的内债）发行数量高得惊人，但仍然能销售出去，无论是金融机构、企业单位还是个人或家庭都大量购买。国债的大量发行，使它已经渗透社会的各个角落，几乎所有金融机构、企业以及家庭或个人都保有或多或少的国债。因此，国债对金融市场的影响很大。相应地，政府部门这一主体在金融市场上也占有重要的地位。

（5）海外投资者

随着经济全球化和金融市场一体化进程的加快，各国对金融市场管理的放松以及吸引外资政策的普遍化，金融市场正向自由化、国际化方向发展。在国际金融市场上，筹资与投资的海外投资者越来越多，海外资金大量流入与流出。经济发展过程中，国际投资的作用明显增强，对金融市场的影响越来越大。

（6）中央银行

有了前面五种主体，金融市场就可以正常地运行了。为了加强对货币市场的管理和实现货币政策目标，国家需要中央银行介入金融市场。中央银行在金融市场上有三重身份。第一，以资金供应者的身份出现。为了刺激经济增长和增加就业，中央银行通过在金融市场上买进有价证券和再贷款、再贴现来直接增加货币供应量，或通过降低法定存款准备金率，提高商业银行的信用扩张能力来间接增加货币供应量。第二，以资金需求者的身份出现。为了抑制通货膨胀和改善国际收支，中央银行通过在金融市场上卖出有价证券、央行票据，收回贷款，直接减少货币供应，或通过提高法定存款准备金率，致使商业银行收缩信用倍数来间接减少货币供应量。第三，以中介者的身份出现，即充当各金融机构的结算银行，利用它们在自己账户上的存款，结清它们之间的债权债务。中央银行利用这三重身份，实现金融市场上资金总供给与总需求的平衡。

2. 金融市场的客体——金融工具

（1）金融工具的概念

金融工具是金融市场上资金运行的载体，又称信用工具、金融商品、金融资产，或称交易工具、金融市场运行工具等。当资金缺乏部门向资金盈余部门借入资金，或发行者向投资者筹集资金时，以书面形式发行或流通的信用凭证或文本，叫作金融工具。金融工具确定了债务人的义务和债权人的权利，是具有法律效力的契约。任何金融工具都具有双重性质：对于金融工具的发行者（借款者），它是一种债务；对于投资者（贷款者），它是一种债权资产。每种金融工具因交易的不同需要而各有其特殊的内容，但有些内容是相同的，如票面金额、发行者（出票人）签章、期限、利率（单利或复利）。

（2）金融工具的种类

金融工具主要包括两大类：一类是金融市场参与者为筹资、投资而创造的工具；另一类是金融市场参与者为保值、投机而创造的工具。无论哪一类工具，都是资金供求关系的具体反映，是供求双方共同选择资金借贷形式的具体表现。金融市场工具种类繁多，可按不同的标准进行分类：以职能为标准，可分为投资筹资工具（如股票、债券）和保值投机工具（如期货合同、期权合同）；以收益高低为标准，可分为高收益工具（如股票、公司债券）和低收益工具（如政府债券、金融机构债券）；以期限长短为标准，可分为短期工具（1年期以下的各种债券）和长期工具（1年期以上的各种债券、股票）；以安全程度为标准，可分为高风险工具（如股票）、中风险工具（如公司债券）和低风险工具（如政府债券）；以发行人为标准，可分为公司筹资工具（如公司股票、公司债券、短期商业债券）、政府筹资工具（如政府债券）、金融机构筹资工具（如大额可转让定期存单）和个人筹资工具（房地产抵押单）。

（3）金融工具的特征

①偿还期。偿还期是指债务人在必须偿付信用凭证所载明的债务前所剩余的债务时间。偿还期具有相对性，因为除了股票、开放型基金单位，任何一种金融工具都要注明自发行日至到期日的期限，即债务人必须全部偿还债务之前所剩余的时间。例如，2015年7月发行的某种债券，债券上注明2020年7月到期，其偿还期为5年。但如果债券的持有人在2019年7月把它转让给甲，那么对甲来说，这张债券的偿还期就不是5年，而是1年。1年后，他就可以得到这张债券的偿付。因此，对金融工具的持有人来说，实际的偿还期是持有人得到金融工具之日开始至到期日止。

②流动性。流动性是指金融工具在极短的时间内迅速变卖为现金而不至于

亏损的能力，因此它又叫变现力。一般来说，政府发行的国库券和银行的活期存款变现最容易，因而流动性最强。有些金融工具，或短期内不易脱手，或在变现过程中需耗费相当高的交易成本，其流动性随之相应地减小。一般来说，流动性与偿还期成反比，偿还期越长，流动性越小；流动性与债务人的信誉成正比，债务人信誉越高，流动性越强。

③风险性。风险性是指金融工具的本息遭受损失的可能性。风险是针对本息的安全程度来说的。风险大体可分为两类：一类是违约风险，即债务人不履行合约、不按时归还本息的风险。这种风险的大小视债务人的信誉而定，对某一特定的债务人（如某股份公司）而言，其所发行的不同金融工具也有风险的差别。另一类是市场风险，如市场利率上升引起金融市场价格下降的风险，通货膨胀、货币贬值使本息遭受实际损失的风险。一般来说，风险和偿还期成正比，即偿还期越长，风险越大，反之亦然。

④收益性。收益性以收益率来表示，它是指金融工具给持有者带来的净收益与预付的本金的比率。收益率包括多种内容：一是名义收益率，即金融工具的票面收益与本金的比率。例如，某一债券面值为100元，3年还本，每年利息6元，每年的名义收益率则为6%。一般的金融工具（如债券）大都标明了年利息率，它就是名义收益率，也叫息票率。二是当年收益率，即金融工具的当年收益或名义收益与成本价格的比率。例如，按110元购买一种年息为15元的债券，5年到期，每年能提供13.64%的收益。三是折扣与积累。折扣是按低于面值的价格购买某一金融工具时，面值与买价之间的差额。这一差额与成本价格之比就是折扣率。积累是按低于面值的价格购买某一金融工具的价值升值。这种升值是购买日期与到期日（到期时按面值偿付）之间的升值。例如，美国短期国库券就是折价发行的。一张面值为100美元的3个月期的国库券，

按九八折发行，其折扣率为 2.04%，积累为 2 美元。四是升水率与分期偿付。升水是购买一种金融工具所支付的超过面值的金额。这一金额与成本价格之比就是升水率。分期偿付是按升水率购买一种金融工具的价格贬值，这种贬值是金融工具从购买日期与到期日期或偿付日期（到期时按面值偿还）之间的贬值。五是应计利息。它是指一种金融工具从最近一次偿付日期起到转让交割时止已经积累的利息总额。

3. 金融市场的组织方式

有了交易双方和交易对象，只是有了形成市场的可能性，还需要有一种形式把交易双方和交易对象结合起来，使交易双方相互关联，共同确定交易价格，最终实现转让交易对象的目的。这种形式便是市场的组织方式。金融市场组织方式主要有两种：一种是拍卖方式，另一种是柜台方式。

（1）拍卖方式

金融市场工具的拍卖是在交易所内进行的。在以拍卖方式组织的金融市场上，所有的金融交易都采取拍卖的形式做成。金融交易中的拍卖和其他商品的拍卖一样，由买卖双方通过公开竞价的方式来确定买卖的成交价格。通常，由出售人报出要出售的金融市场工具的要价，购买人再报出买价，最后出售人将金融市场工具出售给出价最高的购买人。

（2）柜台方式

柜台方式与拍卖方式不同。它不是通过交易所把众多的交易集中起来，而是通过作为交易中介的证券交易公司来买卖金融工具。金融市场工具的实际买卖双方分别同证券交易公司进行交易，或将要出售的工具卖给证券交易公司，或从证券交易公司那里买进想要买的工具。

第二章　宏观经济与金融市场的互动机理和风险管理

（三）金融市场的类型

1. 按标的物划分

金融市场按标的物划分为货币市场、资本市场、外汇市场，大宗商品市场和金融衍生市场。

（1）货币市场

货币市场是指以期限为一年及一年以下的金融资产为交易标的物的短期金融市场，它的主要功能是保持金融资产的流动性。它一方面满足了借款者的短期资金需求，另一方面为暂时闲置的资金找到了出路。在美国金融史上，早期的货币市场概念是狭义的，主要指对证券经纪商和交易商进行通知放款的市场。后来，货币市场的概念得到进一步扩展，主要指短期资金市场。一般来说，货币市场上的资金借贷以三到六个月期最为普遍，而债券则以六到九个月期为多。该类市场信用工具随时可以在发达的二级市场上出售变现，具有很强的流动性，功能近似于货币，故称货币市场。该市场主要经营短期资金的借贷，故又称短期资金市场。

（2）资本市场

资本市场是指期限为一年以上的金融资产交易的市场。一般来说，资本市场包括两大部分：一是银行中长期存贷款市场，二是有价证券市场。本部分内容主要着眼于后者。通常，资本市场主要指的是债券市场和股票市场。它与货币市场的区别有：①期限有差别。资本市场上交易的金融工具期限均为一年以上，最长者可达数十年。有些甚至无期限，如股票。而货币市场上一般交易的是一年以内的金融工具，期限最短的只有几日甚至几小时。②作用不同。货币市场所融通的资金大多用于工商企业短期周转资金。而在资本市场上融通的资金大多用于企业的创建、更新，扩充设备和储存原料。政府在资本市场上筹集的长期资金则主要用于兴办公共事业和保持财政收支平衡。③风险不同。货币市场的信用工具，由于期限短，流动性高，价格不会发生剧烈的变化，因此风险较小。资本市场的信用工具，由于期限长，流动性较低，价格变动幅度较大，因此风险较高。

（3）外汇市场

如同货币市场一样，外汇市场也是各种短期金融资产交易的市场。不同的是，货币市场交易的是同一种货币或以同一种货币计价的票据，而外汇市场上的交易是以不同的货币计值的两种票据之间的交换。在货币市场上，所有的贷款和金融资产的交易都受政府的管制。但在外汇市场上，一国政府只能干预或管制本国的货币。

外汇市场的主要功能有：①通过外汇市场的外汇储备买卖和货币兑换业务，使各国间债权债务关系的货币清偿和资本的国际流动得以形成，实现购买力的国际转移；②外汇市场集中了各国政府、企业、公司等单位的闲置资金，并对国际贸易中的进、出口商进行借贷融资，从而加速了国际资金周转，调剂了国际资金余缺；③外汇市场拥有发达的通信设施及手段，将世界各地的外汇交易主体连成一个网络，缩短了远程货币收付时间，提高了资金的使用效率；④进、出口商利用市场上的远期外汇买卖业务，可有效地避免或减少汇率变动带来的风险，从而促进国际贸易的发展。此外，外汇市场提供的各种外汇资金的供求信息及其价格动态，有助于各国政府和企业正确地做出相关决策。

（4）大宗商品市场

大宗商品包括四个类别，即能源商品、基础原材料、大宗农产品和贵金属。商品交易所是相关的大宗商品交易场所，即各类大宗商品市场，如著名的纽约商品交易所、芝加哥商品交易所。黄金市场早在19世纪初就已形成，现在世界上已有40多个黄金市场。其中，伦敦、纽约、苏黎世、芝加哥和中国香港的黄金市场被称为五大国际黄金市场。

（5）金融衍生市场

金融衍生市场是各种金融衍生工具进行交易的市场。所谓金融衍生工具，是指由原生性金融商品或基础性金融工具创造出的新型金融工具。它一般表现为一些合约，这些合约的价值由其交易的金融资产的价格决定。合约一般包括远期合约、期货合约、期权合约、互换合约。金融衍生工具在金融交易中具有套期保值、防范风险的作用，其种类仍在不断增加。金融衍生工具同时也是投机的对象，其交易所带来的风险也应引起注意。

2. 按中介机构的特征划分

金融市场的形成与资金融通密切相关。在正常的经济生活中，总有资金暂时闲置者及资金短缺者存在，金融市场为这两者提供了互通有无的通道。根据中介机构的特征，金融市场分为直接金融市场和间接金融市场。

直接金融市场指的是资金需求者直接从资金所有者那里融通资金的市场，一般指的是通过发行债券或股票的方式在金融市场上筹集资金的融资市场。间接金融市场是以银行等信用中介机构作为媒介来进行资金融通的市场。在间接金融市场上，资金所有者将手中的资金贷放给银行等信用中介机构，然后再由这些机构转贷给资金需求者。在这个过程中，不管这笔资金最终归谁使用，资金所有者都只拥有对信用中介机构的债权，对最终使用者没有任何权利要求。

直接金融市场与间接金融市场的差别并不在于是否有金融中介机构介入，而主要在于中介机构的特征有差异。直接金融市场上也有金融中介机构，只不过这类公司与银行不同，它们不是资金中介，大多是信息中介和服务中介。本书重点讨论直接金融市场。

3. 按金融资产的发行和流通特征划分

按金融资产的发行和流通特征，金融市场可以划分为初级市场、次级市场、第三市场和第四市场。

资金需求者将金融资产首次出售给公众时所形成的交易市场称为初级市场、发行市场或一级市场。金融资产的发行方式主要有两种：一是将金融资产销售给特定的机构；二是将金融资产广泛地发售给社会公众。前者称为私募发行，其发行对象一般为机构投资者；后者称为公募发行，其发行对象为社会公众。私募又分为包销和代销两种。所谓包销，是指金融资产的发行人与银行等金融机构协商，由银行等承销机构按照商定的条件把全部证券承接下来销售给公众。包销期满后，无论证券是否已经推销出去，包销机构都要如数付给发行人应得的资金。代销是发行人自己承担全部发行风险，只将公开销售事务委托投资银行等机构办理的一种方式。代销商能销售多少就销售多少，代销商只收取手续费等费用，不承担任何风险。此外，还有一种自办发行或称自销的方式，一般通过私下洽商的方式将证券直接销售给为数不多的个人及团体投资者。目前国际上流行的是包销方式。

证券发行后，各种证券在不同的投资者之间买卖流通所形成的市场即为次级市场，又称流通市场或二级市场。它分为两种：一是场内市场，即证券交易所；二是场外交易市场。证券交易所是依照国家有关法律规定，经政府主管机关批准设立的证券集中竞价的有形场所。场外交易市场又称柜台交易市场或店头交易市场，它是在证券交易所之外进行证券买卖的市场。原则上，在场外交易的证券以未上市的证券为主。然而，现在的情况发生了很大的变化，不少上市证券，尤其是政府债券、地方和公司债券纷纷涌入场外交易市场进行交易。

初级市场是次级市场的基础和前提，没有初级市场就没有次级市场，无论是在流动性上还是在价格的确定上,次级市场都受到初级市场的影响。

此外,一些发达的市场经济国家还存在着第三市场和第四市场,实际上它们都是场外市场的一部分。第三市场是原来在交易所上市的证券移到场外进行交易所形成的市场。第三市场的交易相对于交易所交易来说,具有限制更少、成本更低的优点。第四市场是投资者和证券售卖者直接交易形成的市场。其形成的主要原因是机构投资者在证券交易中所占的比例越来越大,他们之间的买卖数额很大,因此他们希望避开经纪人直接交易,以降低成本。

4. 按成交与定价的方式划分

按成交与定价的方式,金融市场可分为公开市场和议价市场。公开市场指的是金融资产的交易价格通过众多的买主和卖主公开竞价而形成的市场。金融资产在到期偿付之前可以自由交易,并且卖给出价最高的买者,一般在有组织的证券交易所进行。在议价市场上,金融资产的定价与成交是通过私下协商或面对面的讨价还价的方式进行的。在发达的市场经济国家,绝大多数债券和中小企业的未上市股票通过这种方式交易。最初,在议价市场交易的证券流通范围不大,交易也不活跃,但随着现代网络及自动化技术的发展,该市场的交易效率已大大提高。

5. 按有无固定场所划分

金融市场按有无固定场所可划分为有形市场和无形市场。有形市场是指有固定交易场所的市场,一般指的是证券交易所等固定的交易场地。在证券交易所进行交易首先要开设账户,然后由投资人委托证券商买卖证券,证券商按投资者的要求进行操作。无形市场则是指在证券交易所外进行金融资产交易的总称。它的交易一般通过现代化的电信工具在各金融机构、证券商及投资者之间进行。它是一个无形的网络,金融资产及资金可以在其中迅速地转移。

6. 按作用的地域范围划分

金融市场按作用的地域范围可划分为国内金融市场和国际金融市场。国内金融市场是指金融交易的作用范围仅限于一国之内的市场，它包含全国范围内以本币计值的金融资产交易市场，还包括该国范围内的地方性金融市场。国际金融市场则是指跨越国界进行金融资产交易的市场，是进行金融资产国际交易的场所。国际金融市场有狭义和广义之分。狭义的国际金融市场指进行各种国际金融业务的场所，又称传统的国际金融市场，包括货币市场、资本市场、外汇市场、黄金市场以及金融衍生工具市场等。广义的国际金融市场则包括离岸金融市场。所谓离岸金融市场，是非本国居民间从事国际金融交易的市场，其资金来源于所在国的非本国居民或来自国外的外币资金。离岸金融市场基本不受所在国的金融监管机构的管制，并可享受税收方面的优惠待遇，资金出、入境自由。离岸金融市场是一种无形的市场。从广义来看，它只存在于某一城市或地区，而不存在于某个固定的交易场所，是由所在地的金融机构与金融资产的国际性交易形成的。

（四）金融市场的功能

1. 聚敛功能

金融市场的聚敛功能是指金融市场具有聚集众多分散的小额资金，使其成为可以投入社会再生产的资金的能力。在这里，金融市场起着资金"蓄水池"的作用。国民经济各部门之间、各部门内部的资金收入和支出时间不总是对称的。所以，一些部门、经济单位在一定的时间内可能存在暂时闲置的资金，而另一些部门、经济单位则存在资金缺口。金融市场为两者提供了沟通的通道。

金融市场之所以具有资金的聚敛功能，原因之一是金融市场创造了金融资产的流动性，现代金融市场正发展成为功能齐全、法规完善的资金融通场所。

资金需求者可以很方便地通过直接或间接的融资方式获取资金，而资金供应者也可以通过金融市场为资金找到满意的投资渠道。另一个原因是金融市场根据不同的期限、收益和风险要求，为投资者提供多样化的金融工具。资金供应者可以依据自己的收益、风险偏好和流动性要求选择自己满意的投资工具，实现资金效益的最大化。

2. 配置功能

金融市场的配置功能表现在三个方面：一是资源的配置，二是财富的再分配，三是风险的再分配。

在经济的运行过程中，拥有多余资产的盈余部门可能无法有效地利用部门现有的资产。金融市场将资源从利用效率低的部门转移到利用效率高的部门，从而使社会的经济资源在效率较高或效用较大的领域得到最有效的配置，实现稀缺资源的合理配置和有效利用。在金融市场上，证券价格的波动实际上反映了证券背后所隐含的相关信息。投资者可以通过证券交易过程中所公开的信息及证券价格波动所反映的信息，来判断经济的运行情况以及相关企业和行业的发展前景，从而决定资金和其他经济资源的投向。一般来说，资金总是流向具有潜力，能够为投资者带来较大利益的部门和企业。

金融市场同时也是风险再分配的场所。在经济活动中，风险无时不在、无处不在。不同的主体对风险的厌恶程度是不同的。风险厌恶程度较低的人可以利用各种金融工具把风险转嫁给风险厌恶程度较高的人，从而实现风险的再分配。

3. 调节功能

调节功能是指金融市场对宏观经济的调节作用。金融市场是联系储蓄者与投资者的纽带，金融市场的运行机制通过对储蓄者和投资者产生影响来发挥作用。

第一，金融市场具有直接调节作用。在金融市场大量的直接融资活动中，投资者为了自身的利益，一定会谨慎、科学地选择所投资的国家、地区、行业、企业、项目及产品。只有符合市场需要、效益高的投资对象，才能获得投资者的青睐。投资对象在获得资本后，只有保持较高的经济效益和较好的发展势头，才能继续生存下去并进一步扩张。否则，它的证券价格就会下跌，继续在金融市场上筹资就会面临困难，发展就会受到后续资本供应的抑制。这实际上是金融市场通过其特有的引导资本形成与合理配置的机制，首先对微观经济部门产生影响，进而影响到宏观经济活动的一种有效的自发调节机制。

第二，金融市场的存在与发展为政府对宏观经济活动的间接调控创造了条件。货币政策属于调节宏观经济活动的重要宏观经济政策，其具体的调控工具有存款准备金、再贴现、公开市场操作等。金融部门、企业等是金融市场的主体，为货币政策的实施奠定了基础。金融市场既提供实施货币政策的场所，也提供实施货币政策的决策信息。

4. 信息功能

金融市场历来被称为国民经济的"晴雨表"和"气象台"，是公认的国民经济信号系统。这实际上就是金融市场信息功能的写照。

金融市场的信息功能表现在以下几个方面：一是证券买卖大部分在证券交易所进行，人们可以随时通过这个有形的市场了解到各种上市证券的交易行情，并据此判断投资机会。在一个有效的金融市场上，个股价格的升降变化反映了该公司经营管理和经济效益的状况；一个企业的贷款运行情况反映了该企业的资金周转状况及其质量。此外，一个有组织的市场，一般会要求上市公司定期或不定期地公布经营信息和财务报表，这有助于人们了解及推断上市公司及相关企业、行业的发展前景。所以，金融市场首先是反映微观经济运行状况的指示器。二是金融市场交易直接和间接地反映了国家货币供应量的变动情况。货币政策的实施情况、银根的松紧、通货膨胀的程度以及货币供应量的变化，均会反映在金融市场上。因此，金融市场所反映的宏观经济运行方面的信息，有利于政府部门及时制定和调整宏观经济政策。三是由于证券交易的需要，金融市场有大量的专业人员长期从事商情研究和分析。他们每日与各类工商企业直接接触，能了解到企业的发展动态。四是金融市场有着广泛而及时地收集和传播信息的通信网络。整个世界的金融市场已连成一体，人们能够通过网络及时了解世界经济的发展变化情况。

三、金融市场中宏观经济政策的具体作用及影响分析

一直以来，学术界对金融市场中宏观经济政策的具体作用及影响的研究便从未中断过，不同学者的观点也不尽相同。结合已有研究认为，金融市场中宏观经济政策的具体作用及影响主要体现在如下几个方面。

（一）利于提高金融资源配置效率

研究表明，宏观经济政策的有效应用可切实提升金融资源配置效率，有利于金融市场的稳定。例如，2019年8月16日，国务院常务会议提出，应对贷款市场报价利率的形成机制进一步进行改革与完善，切实促进贷款实际利率水平进一步降低。所谓贷款基础利率乃是我国各大商业银行有的放矢地对一些优质客户实行的贷款利率。虽然该举措早于2013年10月便已推出，但对商业银行产生的影响较为有限，之所以出现此种情况，主要缘于当前在商业银行的各类贷款业务定价当中，以LPR（贷款基础利率）作为定价基准的信贷业务规模所占比例并不大。与此同时，LPR（贷款基础利率）亦很难对市场利率变化做出及时反应。基于此种情况，央行此次在对LPR（贷款基础利率）进行更名（更

名为"贷款市场报价利率")的基础上,还从如下几个方面对其进行了优化:首先,在报价方式方面。将过去对最优质客户的贷款报价切实转变为在公开市场操作利率上加点报价。其次,在报价的商业银行方面。在之前10家商业银行的基础上,增加银行数量。共增加8家银行。其中,外资银行2家、民营银行2家、农商行2家、城商行2家。最后,在报价期限方面。不再局限于1年期贷款,增加了5年期贷款报价。通过此次改革与完善,我国LPR的期限品种将会更加完善,和市场利率之间的关系也变得更为紧密,对我国金融市场的健康发展也会产生积极作用和深远影响。

(二)利于金融市场形成更多利好

积极有效的宏观经济政策可对金融市场形成更多利好,这一点毋庸置疑。诸如,中共中央办公厅、国务院办公厅于2019年6月10日正式联合印发《关于做好地方政府专项债券发行及项目配套融资工作的通知》(以下简称《通知》)。《通知》包含的主要内容如下:首先,对专项债券的项目融资工作予以大力支持;其次,对专项债券管理和配套办法予以持续完善;再次,对重大融资项目实施依法合规推进;最后,进一步加大相关组织保障力度。值得注意的是,《通知》直接确定,如若项目能够切实符合具有较大示范带动效应、符合中央重大决策部署、专项债券支持的标准,同时能够在评估项目收益偿还专项债券本息后,剩余的经营性专项收入符合融资条件的,应批准其将一部分专项债券资金用作项目资本金。不过,其不能够超过项目收益的实际水平,进行过度融资。该《通知》所含内容体现了积极的财政政策,对我国金融市场无疑会形成诸多利好。除此之外,对于股票市场和基建投资力度增长亦同样具有诸多利好。总体来看,我国之前颁布的很多宏观经济政策均是有利于金融市场发展的,对金融市场发展产生了很多利好。

（三）利于增强服务实体经济能力

除上述两点之外，宏观经济政策的有效实施还有利于增强金融市场服务实体经济的能力。例如，中国人民银行决定，从 2018 年 10 月 15 日起，适当下调各大商业银行的人民币存款准备金利率，此次下调人民币存款准备金利率为 1%。此次下调人民币存款准备金利率可释放出 7500 亿元人民币至金融市场。又如，2019 年 9 月 16 日，央行宣布全面下调人民币存款准备金利率 0.5%，释放长期资金 9000 亿元。过去很长一段时间以来，我国多次下调人民币存款准备金利率的目的主要是支持实体经济发展，切实降低相关企业的实际融资成本。过去很长一段时间以来，很多中小微企业均不同程度上面临融资困难的不良局面，对其未来发展产生不利影响。虽然国家积极鼓励商业银行向中小微企业贷款，为中小微企业提供更多金融支持。但无奈的是，商业银行的资金有限，无法顾及所有中小微企业。央行降准主要为服务实体经济，让更多资金流向实体经济领域。值得一提的是，为避免释放的资金流向房地产市场，我国在降准的同时还颁布了一系列配套政策，保障释放资金在最大限度上流入实体经济领域，杜绝流向房地产领域。之所以出现此种情况，主要缘于过去多年房地产业的蓬勃发展已然在一定程度上阻碍了实体经济发展，不利于我国实体经济发展，更不利于我国整体国民经济的健康长远发展。

（四）利于避免产生金融市场风险

宏观经济政策的实施还有利于避免金融市场风险。众所周知，金融市场诞生以来，如何防范金融市场风险无疑是一项重大课题。虽然各国积极采取各项有效措施尽可能减少金融市场风险，但金融市场风险无处不在。在笔者看来，杜绝出现金融市场风险是不现实的，也是不客观的。不过通过有效的宏观经济政策实施却可以在最大限度上避免金融市场风险的出现。众所周知，近年来我国多次下调人民币存款准备金利率，向市场释放出大量资金。但央行在降低人民币存款准备金的同时强调，坚决杜绝资金流向房地产市场。之所以会做出这样的决定，主要缘于经过多年发展我国房地产市场已形成巨大泡沫，很多房地产开发商均向商业银行大量借贷。如若持续给房地产开发商释放贷款，一旦房地产市场出现巨大困境，很多房地产企业便会出现还贷困难的不良局面，致使商业银行产生借贷风险。当此种情况在全国大范围出现后，必定会引发严重的金融危机。所以说，该宏观经济政策的实施不仅提升了金融市场服务实体经济的能力，同时也在一定程度上避免了出现金融风险。诚然，除此宏观经济政策之外，我国之前颁布的很多宏观经济政策均在不同程度上遏制了金融风险的出现。

四、宏观经济政策在金融市场中的具体实施

（一）货币政策方面

完善、系统、科学的货币政策不仅能稳定市场经济基本结构，还能宏观控制市场经济供求量，避免出现通货膨胀等经济风险，是促进金融市场可持续发展的重要手段。一方面，完善资金利率体系，并逐步向市场化推进，促进外国货币机制实现进一步改革和完善，着重突显信贷措施的引导作用，使得我国金融市场经济逐步向科学化、合理化方向挺进，形成系统、完善的货币资金链，推动市场经济可持续发展；另一方面，将存款利率控制在一定范围之内，宏观调控金融市场经济体系，逐步建立科学、完善的市场化利率体系。同时，金融市场在运用货币政策时，要强调政策的重要性，使其透明化、公开化，提高货币政策实施的社会性及合理性，这对金融市场经济长期发展具有重要的现实意义。

（二）财政政策方面

首先，增加国债发行量，调动投资者参与兴趣。深入贯彻国家经济发展战略指导方针，掌握金融市场宏观变动规律，利用增加国债发行量方式来补充企业技术发展需要，同时增设利息补贴等财政政策，尽可能满足企业市场经济发展需要，提高投资资金利用率，增强投资收益，为企业技术研发与改造提供有利的金融环境。此外，建立健全财政政策体系，并着重强调税收管理的重要性。其次，逐步完善货币政策，推动财政政策进一步实施。在金融市场经济发展过程中，完善货币政策能够有效调节市场经济发展结构，是金融市场发展可持续性经济模式的重要保障。建立完善的货币政策，提高金融货币市场的稳定性，促进财政政策的有力实施。最后，提高宏观经济政策的稳定性。在新市场经济环境下，为达到我国经济持续性增长目标，提高财政政策和货币政策是主要途径。我国需要持续完善、调节财政政策，使其逐步向既定标准方向靠拢，提高稳定性，让宏观经济政策对金融市场发展的作用充分发挥出来。此外，在稳定财政政策过程中，也要不断完善货币政策体系，两者相互依托、相互支持，逐步推动金融市场宏观经济的有效调控和持续增长。

第二节 宏观金融风险管理

一、中国宏观金融风险的生成特点

（一）宏观金融风险是宏观经济运行矛盾的深刻反映

宏观经济波动是金融风险的一个重要成因。从理论上看，宏观经济波动体现为经济繁荣与经济衰退的循环，在经济繁荣期驱动经济扩张的因素同时也造成或扩大了经济金融系统的不平衡，这些不平衡又会导致未来的经济衰退。金融风险在繁荣期不断增加并累积,在经济衰退期被实现和物化。改革开放以来,我国经济出现了多次"过热"现象,其中大多源于投资增长。

频繁的经济波动使银行信用不断收缩与扩张,经济上行期银行信贷扩张支持了投资的扩大和经济泡沫的形成,经济下行期银行信贷收缩造成企业经济效益下降和经济泡沫的破裂。经济扩张期企业的投资冲动使银行盲目扩大贷款规模,在经济下降期则可能转化为银行的不良贷款。20世纪90年代中后期,随着经济增速的回落,银行不良资产的大量积累和资本金严重缺失问题开始凸显,甚至成为我国经济金融安全的关键问题。

经济结构失衡也加大了我国经济金融体系的脆弱性。首先,生产结构,包括产业结构、技术结构、产品结构、劳动力结构等,结构层次低,合理性差,整体优化慢。经济增长主要依靠第二产业拉动,农业生产力水平低下,第三产业比重过低。资金、劳动力在三大产业间配置不合理,一旦市场需求或经济景气指数发生变化,过剩产业的经营活动将受到影响,降低国民经济抵御内外部冲击的能力。其次,分配结构变化与社会融资结构调整不相适应。改革开放以来,先是国家财政收入占比下降,企业、住户可支配收入上升,储蓄与投资主体分离本可为现代金融业的高速成长创造条件,但由于金融体制改革和金融市场发育的滞后,企业融资渠道狭窄,国有银行信贷资金不得不代替财政资金注入企业,支持国有企业的体制转型,维持部分亏损企业的生存。国有企业高负债与低效率并存构成银行的重大风险来源,使企业的个别风险转化为银行的系统风险。20世纪90年代以后,国民收入分配有所调整,住户部门通过劳动报酬参与分配获得的比例有所下降,企业通过资本参与分配的比例不断提高,政府部门通过转让国有资源(土地、矿产等)获得预算外收入,其可支配收入占比亦呈上升趋势。这种由住户部门向企业和政府部门倾斜的国民收入分配格局,不利于居民消费的提高，而消费不足必然导致生产过剩，在国外经济增长放缓外需萎缩的情况下，国内企业尤其是过剩行业企业面临生产滑坡，加大了违约和信用风险。

（二）宏观金融风险具有体制转轨的制度性特征

改革开放以来，由传统的高度集中的计划经济向现代市场经济过渡是我国经济变革的突出主题，转轨过程中的制度缺陷和经济体制改革的不彻底性成为我国金融风险的重要诱因。高度集中的计划经济是依靠集中的资源配置方式实现的，其手段之一就是政府通过银行对国有企业实行资金配给。建设社会主义市场经济，承认市场在资源配置中的基础性地位，必然要把国有企业改革成为自主经营、自负盈亏的独立的市场主体，但直到目前为止，这种改革也没有真正到位。没有科学的现代企业治理结构，普遍存在的委托代理风险，使久已存在的企业预算软约束没有发生根本改变。在国家财政无力向国有企业注资的情况下，若国有银行向国有企业提供资本金贷款，普遍的低效率和严重道德风险的存在，导致巨额贷款中有相当一部分将成为银行的不良资产，转化为银行风险；若国有企业在股票市场融资，不仅资本市场会异化为国有企业获取廉价资金的场所，在市场主体道德缺失、欺诈与造假盛行的情况下，还将导致政策性负担向投资者转嫁，价格扭曲，投资者失去稳定预期，从而生成或放大资本市场风险。

由于历史原因，在政府主导的转轨改革中，政府有很强的干预偏好，改革成本亦向国家财政集中，金融风险向财政转移，财政风险又诱发金融风险。由于国有经济的调整没有到位，国有资本没有退出竞争性领域，财政仍要参与大量私人物品的供给，本应由财政承担的公共品供给反倒推给了市场。国家财力逐步向中央集中，但相应事权则向下转移，出现了地方政府财权与事权明显不对称的情况。

（三）宏观金融风险是金融发展不足及金融监管不相适应的表现

金融机构通过资产负债规模和期限上的持续性不匹配创造利润，这种经营特点内在地孕育了金融风险，具有爆发金融危机的先天基因。金融业为适应实体经济的要求在制度安排、金融市场和金融产品方面进行的创新活动，既是金融结构提升和金融发展的推动力量，又是对原有金融监管理念、监管方式和监管工具的一种挑战，无疑会激活或生成新的金融风险。金融创新与金融监管的博弈决定了宏观金融风险的管理状况。

改革开放以来，我国金融业从单一的银行成长为包括银行、证券、保险、信托等在内的金融家族，金融市场从无到有，发展为拥有股票、债券、票据等比较齐全的市场体系。与此同时，金融总量的增长、金融机构的增设、金融业务的扩展等数量扩张成为这一时期金融发展的突出特征，而金融结构失衡、金融效率低下、金融监管与金融创新不相适应的问题依然存在。我国金融市场结构落后，银行业相对发达，证券、保险业相对落后，国家垄断信用制度与银行主导型融资格局尚未打破，导致分散的个体风险广泛集中于银行体系，积聚成宏观金融风险；各专业市场内部业务发展不平衡，比如银行业务仍集中在信贷等传统的零售业务领域，批发业务严重不足，证券市场中股票市场发展迅速，债券市场严重滞后；金融业服务面向太狭窄，存在明显的服务链缺损，比如金融机构贷款主要面向国有企业和大型企业，股票市场主要的服务对象也是国有企业，缺乏面向中小企业和民营企业的金融机构和金融市场组织，由此带来的贷款集中度高，地下金融泛滥，既影响了经济的均衡增长，加剧了金融风险，也加大了金融监管的难度。

二、强化市场纪律，夯实宏观金融风险管理的微观基础

（一）市场纪律

市场纪律松弛使我国宏观金融风险管理基础脆弱，宏观金融风险管理仍未成为我国金融监管的重大主题。

第一，金融监管还主要依靠现场检查，特别是突击性的大检查，非现场检查和持续性跟踪研究远远不够。现场检查侧重业务合规性检查，对金融机构资本金和资产负债表的审慎监管、对真正的风险评估和风险管理重视不够。

第二，由于金融监管仍以现场检查为主，跟踪研究没有得到足够重视，因此信息披露和信息共享的现实需求并不突出，相关会计核算和统计核算的一些技术性问题还有所忽视，或虽有重视，但由于体制或社会诚信原因，仍未得到很好解决，监管者、消费者和投资者之间信息不完备、信息不对称的现象还广泛存在。国外一些成熟和先进的风险管理技术、管理工具，其引进、消化吸收和再创新的工作还有待加强。

第三，缺乏危机与紧急处理系统。流动性注入和问题资产处置是恢复金融机构和金融市场功能的重要措施，金融当局及时有力的救援能有效防止金融风险的扩散，但到目前为止，我国尚未建立起包括注入流动性、处置有毒资产、金融机构重组与破产等要素的金融危机应急机制。处理问题金融机构时政策多变，主观随意性强，缺乏制度规范和标准程序。

第四，监管机构之间缺乏明确分工和有效协调，由于利益冲突以及权力与责任的不对称，监管准则落后和不配套，金融机构的经营缺陷难以及时纠正，错过金融风险控制的最佳时间。政策措施相互重叠或相互抵触的现象时有发生，重复监管、监管漏洞并存，为金融机构提供了监管套利的可能性，加大了金融风险管理的难度。

宏观金融风险管理存在的诸多问题固然有多方面的原因，但其中市场纪律松弛是根本性的。一般认为，市场纪律包括两个要素，即市场必须对借款人的行为做出反应，借款人必须对市场信号做出反应。市场纪律的这一机制不仅把宏观金融风险管理的任务交给了金融监管机构，同时也交给了市场参与者。在我国，由于产权制度缺陷，国有企业和国有银行这些金融市场的主要参与者存在巨大的代理风险和普遍的内部人控制，风险约束的自律机制并不完善，市场对借款行为的反应和借款人对市场信号的反应都不灵敏。于是金融监管部门不得不弥补角色缺位，把监管重心从宏观审慎监管、风险评估与控制转移到了市场行为的合规性监管，偏离了宏观金融风险管理的主题，同样严重的问题还表现在监管手段方面，因为监管部门不能通过所有者对投资盈亏和企业价值的高度关心来约束其经营行为，为了控制和降低风险，就只能用行政管制的手段限制金融机构的经营范围和经营权限，从而造成金融业竞争力的持续下降，从长期看，逐步积累和放大了金融风险。

（二）强化市场纪律的主要措施

市场纪律有效发挥作用的条件是：放款人必须拥有即将违约的却没有得到救援可能的借款人的充分信息，只有这样，借款人才会承担自身行为所带来的后果，才有监督约束借款人的可能；要有良好的市场竞争环境，诚实守信，优胜劣汰，问题金融机构能顺利退出，借款人退出市场前能对市场信号做出反应；金融市场是自由而开放的，能适时为放款人和借款人发出正确的信号，放款人和借款人能以此正确测度风险、合理分散风险和科学规避风险。

强化市场纪律，要打造合格的市场竞争主体。金融机构、各类企业等市场竞争主体能自主经营、自负盈亏，自主做出决策并承担决策风险，在法律上和经济上独立自主。为此，要进一步完善公司治理结构，落实国有企业、国有金

第二章 宏观经济与金融市场的互动机理和风险管理

融机构存在的多层次委托代理关系，降低代理成本和代理风险，建立有效的风险内控机制。要打破垄断，鼓励竞争，建立有序的市场退出机制，及时有效地将不合格的市场主体淘汰出局，既实现社会资源的有效利用，也形成风险自控的真正约束。

强化市场纪律，要加快转变政府职能，让市场在资源配置中发挥基础性作用。要正确认识政府和市场的关系，政府通过经济手段、行政手段、法律手段和各种政策来调节和控制市场经济运行，但这种管理不能游离于市场之外，不能束缚市场运作的机制，而应顺应市场，培育和引导市场。要加速向社会组织转化政府的社会职能，将政府承担的技术性、服务性、协调性工作交给社会中介组织、社会公共服务组织和社会自治组织。要强化政府对市场机制失灵的调控作用，消除市场机制的负面影响，加强政府的服务、监管职能，为经济社会发展提供良好环境。

强化市场纪律，要建立自由开放的金融市场。金融市场是市场经济条件下资源配置的重要场所，自由开放的金融市场能利用利率、汇率、股价等资产价格为放款人和借款人发出正确的信号，放款人和借款人能以此正确测度风险，科学进行投资决策。我国金融市场的定价机制还不完善，金融产品价格失真的现象还普遍存在。货币市场金融工具品种少、流动性差，影响基准利率的形成，利率信号紊乱。货币市场与资本市场的联动性仍需加强，金融市场的同质性客观上要求货币市场与资本市场必须具有一定程度的融合和渗透，人为分割的两个市场导致市场价格机制以及资源配置机制的低效或失灵。外汇市场与国内货币市场存在割裂现象，通胀率与人民币汇率变动不一致，人民币汇率水平不能充分反映货币的实际价值，易于引发人民币币值的信心危机，诱发投机冲击。

强化市场纪律，要健全信息披露机制。信息的完备性，信息分布和结构状况对市场约束作用的发挥存在重大影响,只有充分了解借款人资金运用和偿付前景,放款人才有可能对借款人实施有实际意义的监督约束,信息不对称导致的逆向选择和道德风险,也可能严重干扰市场运作。国际货币基金组织、世界银行和几乎所有的国际组织都重视金融数据的透明度,《新巴塞尔资本协定》认为,"只有银行定期发布资本水平和风险状况方面的准确信息,市场参与者才能准确判断银行抵御风险的能力",并提出了全面信息披露的理念。完善信息披露制度首先要规范信息披露的内容和程序,提出明确的信息质量标准,保证信息披露的合法性和披露信息的真实性、及时性和系统性;要改善市场信息不对称的状况,加强交易信息披露监管,降低信息收集成本;要加强政策信息和国际金融市场信息的披露,降低公众预期的不确定性,提高信息的流动性,避免金融风险的传染。

宏观金融风险管理不仅需要有严格的市场纪律,在严格的市场纪律约束下,完善的风险内控机制还需涉及政治、经济、文化、法治等环境要素,以及要考虑由此导致的主体行为异化。下文主要讨论了与宏观金融风险管理有关的法律与社会信用环境问题,这也是金融生态研究的核心内容。金融生态作为一种拟生比喻,不是指金融业内部的运作,而是借用生态学概念来比喻金融业运行的外部环境,这种外部环境由稳定的经济环境、完善的法治环境和良好的信用环境构成。

三、改善金融生态,优化宏观金融风险管理的社会环境

(一)宏观金融风险管理与法律应对

宏观金融风险成因复杂,其防控管理和我国金融生态环境中的法律问题密切相关。法律制度能否有效保护放款人、借款人和投资者的权益,《中华人民共和国企业破产法》是否适用,司法是否公正,这些法律问题都会明显改变微

观经济主体的行为和预期。例如，如果法律事先没有明确定义投资者和存款人的权利和义务，市场参与者就无法准确预期风险，如果对金融机构缺乏一个清晰地关闭破产和清算的法律框架，那么在宏观金融风险管理，特别是问题金融机构的处理方面，一些措施就可能缺乏法律依据，微观风险容易扩散形成全面的金融危机，甚至会影响社会稳定。另外，市场的所有参与者是否能够以及如何对金融市场和金融体系的组织结构进行约束，也是一个需要法律加以明确的问题。

现代金融是法治金融，金融运行、金融监管等都要受到法律的调整和规范，我国金融法律制度是与新兴市场的出现和经济体制转轨的过程结合在一起的，现行的金融法律制度难以适应变化着的金融业的发展和金融监管的需要。在金融产权制度方面，缺乏股东行使权利的有效制度保障，造成所有者缺位，权、责、利严重不对称，内部人控制普遍存在，金融机构的微观风险很容易转化为宏观金融风险。在金融机构的市场退出方面，虽然《中华人民共和国商业银行法》《中华人民共和国证券法》《中华人民共和国保险法》已经规定了金融机构被接管和终止的基本原则，但这些法律规定依然难以保证按照市场经济要求的正常的财务纪律和财务约束，因而在实际操作中，金融机构依然难以按市场化要求实施退出，造成严重的逆向选择和道德风险。在金融机构的监管方面，法律制度的缺失放大了金融体系中的一些潜在风险。例如，跨市场的金融风险正成为影响我国金融体系稳定的新因素，这与法律制度没有对一些新的金融机构进行及时规范有关，对实际已形成的各种金融控股公司或"准金融控股公司"，现行法律框架还不能完全解决对它的监管问题。有关金融业务的法律规范也并不完备，银行不良资产的大量形成与我国金融债权保护的法律缺失有密切关系。

防范金融风险，就要加强金融立法，营造良好的金融法律环境。金融监管中的一些具体操作缺乏专门的法律、法规，往往以行政性文件替代，一些法律没有与之配套的实施细则，因各方对法律的理解不同，出现定性难、执行难的状况，因此要弥补立法空白，支持金融业的健康发展，要完善与金融密切相关的法律，做到有法可依。要适时推出存款保险制度，设立功能完善、权责统一、运作有效的存款保险机构，增强金融机构、存款人的风险意识，防范道德风险，保护存款人合法权益。要建立金融危机应急处理法律机制，应对和化解金融危机，将政府危机管理纳入一个有序、规范、法治的轨道，保证危机发生时政府各部门能在最短时间内有效调动社会资源，将危机带来的损失降到最低。

防范金融风险，就要保证司法公正，提高执法效率。要树立法律至高无上的神圣地位，公民在法律面前一律平等，对于任何人的违法犯罪行为必须平等地、毫无例外地予以追究、制裁和纠正。完善行政管理制度，规范行政行为，有效防止行政对金融监管及金融业务运行的不正当干预。我国目前的金融执法效率低，执行时间长，程序复杂，执行费用高。金融法律的执法效果不理想，除了法律本身尚不健全的原因外，与现阶段我国社会的执法环境不佳、金融市场信用基础还没有建立等薄弱环节也有很大的关系。要在不断完善金融法律法规的同时，加大金融执法力度，强化公信力，提高执法效率。一方面，要提高银行监管机关的执法水平，尤其要强化执法者的法律意识，努力营造讲法、护法、依法、用法的良好法治氛围。另一方面，要完善和加强司法对金融监管的执法监督，增加司法程序的透明度，减少内部行为的随意性。

（二）宏观金融风险管理与社会信用环境

社会信用是市场经济条件下为减少交易费用、扩大交易规模而进行的一项制度安排，是经济主体参与社会分工与合作所应遵循的普适性规则。金融信用是社会信用的重要组成部分，良好的金融信用环境是防范和化解金融风险的必要条件，金融信用缺失问题已引起社会各界的普遍关注。信用环境影响金融风险，缺乏诚信已经扭曲了金融主体的行为，增加了金融监管的难度，加大了金融机构的信用风险和操作风险。

信用环境的恶化在金融领域有诸多表现：社会信用意识淡薄，借款人悬空金融债权，逃债、赖债、大量转移金融资产的行为屡禁不止，借款人从银行或资本市场取得资金后，不遵守承诺，随意改变资金用途，由此形成和积聚了大量的信用风险；财务制度不健全，财务信息不真实，利用会计、审计、资产评估等不实信息骗取贷款的现象还在不同程度地存在，既积聚了风险，也加大了监管的难度，宏观金融监管部门无法掌握真实的风险信息；信用服务和信用管理体系建设滞后，信息不对称、搜寻成本过高、信用制度不健全的现象极为突出，投、融资双方都存在道德风险和机会主义倾向。金融机构不敢轻易放贷，个人和企业的消费能力下降，消费欲望萎缩。项目的虚假包装，投资收益的不可预期，资本完全得不到保障，资本利用效率降低，社会投资意愿低。消费、投资的低迷必然造成经济增长的回落，在实体经济层面酝酿了新的宏观金融风险。

从防范和管理宏观金融风险的角度看，改善信用环境要从以下几方面着手：第一，要加强信用服务体系建设。随着经济活动日趋复杂化，金融机构越来越需要依赖专门的征信部门来加强对借款人信用状况的调查和分析，解决金融市场交易中信息不对称问题。继续加强企业个人征信系统建设，培育企业资信评级市场，逐步实现信用信息基础数据采集环节适当集中，避免重复建设和信息分割，在信用评级等信用增值服务环节体现各自特色，平等竞争，形成既能充分利用各项资源发挥规模效益，又适应不同征信用需求的多层次征信机构体系，在征信的关键技术和业务标准方面要逐步统一，促进信用信息共享。第二，要建立守信和失信的奖励和惩戒机制，将其收益与成本内在化。发挥政府监管、社会监管、行业监管与企业自律的作用，提高失信行为的透明度，及时发现并惩戒失信行为，有效约束信用主体的信用行为，防范失信行为的发生。第三，要建立良好的信用维护机制，形成银行、法院、公安、工商、财政、税务、新闻宣传等各部门分工合作，共同维护社会信用的局面。第四，要加强法律约束，规范信用秩序，通过建立完善的信用法律体系，切实保障信用主体的合法权益。同时，司法部门应进一步强化司法公正，加大对失信行为的打击力度，特别是要提高案件执结率，增强法律的威慑力。第五，要加强诚信教育，形成诚信文化。要把诚实守信作为基本的社会道德要求，开展以诚实守信为主题的宣传教育活动，强化信用观念、信用意识和信用道德意识，充分认识诚信对于国家、企业和个人的重要意义，树立诚信为本的社会信念，自觉恪守信用，坚守道德底线。

四、宏观金融风险管理的有效协调与功能完善

（一）我国宏观金融风险管理的协调机制

金融监管职能的正确并有效执行要建立在监管机构自身资源的合理配置、监管职能合理划分、部门之间相互配合等相关因素之上。因此，完善我国宏观金融监管协调机制是防范及处理宏观金融风险的内在要求。在金融监管职能配置上，我国与美国有明显的不同，美国属于功能监管，我国属于分业监管，两者之间在监管内容上有很多相似的地方，但在本质上有很明显的差别。我国是将监管客体以法人为单位，根据不同种类的金融机构划分不同的监管范围；而美国是以监管主体为单位，根据不同的监管目标和任务划分监管范围。

目前，我国金融业混业经营模式已经成为发展趋势，金融企业从事不同金融行业业务现象很普遍。我国的金融监管职能配置的方法是将金融业的监管对象分为银行、保险、证券等机构进行分业监管，必然出现某些金融企业处于监

管主体不明或游离在监管范围之外的现象，造成重复监管或监管"真空"，不利于我国对宏观金融风险的监督管理，严重影响金融业的健康稳定发展。

具体可在以下几方面改进。

一是加快"监管联席会议制"和"经常联系机制"建设，增强各监管机构对协调机制的责任，把监管协调工作作为监管部门的一个重要工作内容，可对各监管机构之间的协调工作进行考核。

二是以财政部或者独立的机构牵头监管协调工作，确保监管协调的有效落实，并确立以提高监管效率、降低监管成本、防范由监管失调所引起和衍生出来的金融风险为目标。尤其可利用证监会、银保监会都直属国务院的特点，发挥国务院对监管工作的协调作用。

三是在现有的信息系统基础上，建立一个能反映整个金融体系系统性风险的信息系统，为预警宏观金融风险服务。

（二）宏观金融风险管理体系的权益制衡：消费者保护

宏观金融运行稳定发展要求金融各部门之间相互协调、相互制衡。消费者是整个金融体制的重要部门，现在我们从简单的两部门金融模型开始分析。在两部门金融中，只有金融消费者与金融机构。我们研究两部门之间的简单博弈过程，在完全信息机制下，消费者完全掌握金融产品的信息，金融机构只能获得较低的生产收益（包括金融产品和服务的收益）。当金融机构发现，其可以隐藏部分信息或者意识到有些需求信息消费者并不在意（或者说不知道某些信息的重要性），于是金融机构可以利用自己在信息上的优势，隐瞒部分信息或不告知消费者，以增加自己的收益效率。假设现在金融机构利用这种信息优势提高了自己的盈利效率，且这样的效率为消费者也带来了相当高的收益，消费者受到过去金融机构表现的影响，继续购买金融产品和服务，于是金融机构就在几乎没有外在力量的限制下发展。金融也是如此,如果没有消费者利益的限制,金融最终肯定会走向危机的边缘。在三部门金融中,金融业的有三个部门:分别是消费者、金融机构和金融监管部门。金融机构的发展受到监管机构的监管限制,如果信息完全,还要受到消费者利益的约束。而这些限制和约束正是金融健康稳定发展的重要保证。

在现实生活中,情况远比模型复杂,但其中原理相近,而且市场信息不完全性和消费者处于信息劣势是金融市场的显著特征。在现实的金融模型中,监管机构代表公共利益,维持空间和时间维度的金融系统健康运行,其中制衡消费者与金融机构之间的关系是监管的重要内容。我国关于金融消费者保护方面并没有明确的立法,《中华人民共和国消费者权益保护法》不足以应对我国金融消费者权益的保护,而在其他金融基本法中,只提到保护存款人利益等相关类似条例。因而,需尽早构建针对金融消费者的法律体系,以提高我国金融业消费者的法律保障。要强调金融消费者对金融产品的知情权、选择权等,以缓解消费者信息劣势的局面,避免金融机构利用信息优势参与过于冒险的行为,破坏金融体系的稳定,引发金融风险。

在目前我国各监管机构职能设置上,没有将消费者保护纳入监管的内容,这样会让消费者在制衡机制中处于劣势,而金融机构利用自身信息优势的行为得不到有效的制约,使得很多潜在的金融风险不能得到有效的监管,而当风险积累到一定程度后,将引致我国宏观金融体系的不稳定,爆发宏观金融风险。我国应将消费者保护作为金融监管的内容之一,提高对宏观金融风险的监管能力。

五、开放条件下的宏观金融风险管理

金融全球化既实现了资本资源在全球范围内的优化配置,也加大了金融风险的生成概率，加速了金融风险的国际传染，提高了金融风险积聚以致引发金融危机的频率。

（一）开放条件下宏观金融风险的特点

金融全球化的过程就是金融市场逐步开放的过程，一国金融市场的开放，特别是外资金融机构的大量进入，将会给东道国带来大量风险。大量外资金融机构加入国内金融市场的竞争，迫使金融机构为追求较高利润而放弃稳健经营原则，大规模发展高风险业务，从而增大了金融业的风险。与此同时，企业融资渠道迅速扩张，许多经营业绩好、信誉高的大企业、大公司转向国际金融市场直接融资，使得银行被迫转向利润较低、风险较大的中小企业，从而使银行资产质量下降，风险增大。此外，在金融市场开放条件下，一国政府在面对经常项目逆差时，可以更为便捷地通过举借外债，以资本项目的顺差来平衡国际收支。然而，长期举借外债会为本国经济累积巨大的外债风险，极易诱发债务危机。

在金融市场开放条件下，金融工具创新以及在期货、期权市场上的运用，迅速扩大了投机资本的运作空间，国际游资在选择投资区域、投资对象、投资规模，以及市场操作方面具有高度的灵活性。外国资本的大量流入导致银行的流动性骤增，在缺乏严格金融监管和风险控制机制的情况下，普遍出现过度贷款倾向。由于经济发展规模对于资金需求有限，突然增大的资金无法被生产领域有效吸纳而涌入房地产、证券等领域，造成经济泡沫迅速膨胀。当外国投资者不再看好该国经济发展前景巨额资金争相撤出时，系统性风险会使整个银行体系陷入危机。

在金融全球化条件下，金融风险的跨国传染有了更多的渠道。资本在国际的自由流动，加剧了金融资产价格尤其是汇率的过度波动，而一国金融资产价格的波动会迅速地引起相关国家金融资产价格发生相应的变化。汇率及其他金融资产价格的过度波动，不仅导致金融市场动荡，而且也给各国经济带来严重危害。其次，由于各国金融活动和金融市场之间的相互依赖性加深，一个国家出现经济波动或国际金融领域某一环节出现紊乱，由于信息的恶性循环和不对称性，必然引起连锁反应，产生放大效应，一旦发生金融风暴，就会危及整个金融体系的安全。

金融全球化与各国的货币政策有冲突，在缺乏有效的全球货币政策协调机制的情况下，金融全球化削弱了各国货币政策的有效性。一方面，金融全球化条件下本国货币政策不一定能完全作用于国内经济变量，同时外国货币政策也可能波及国内金融市场，这种溢出溢入效应使货币政策难以达到预期效果，甚至偏离预期目标。另一方面，新的金融工具不断涌现，金融资产之间相互替代性空前加大，使货币定义模糊不清，这必然给货币政策的制定与执行带来难度，并削弱其效果。国际资本的自由流动扰乱了东道国货币金融体系的稳定，减弱了一个国家运用货币政策实现内外平衡的可能。

金融体系的特性决定了客观存在着信用风险、市场风险、流动性风险、操作风险等，金融全球化使金融风险的成因发生了一定变化，传统的金融风险扩大，虚拟经济影响加大，增加了新的风险因素。经济金融的全球化带来了金融风险的一体化，对金融风险的防范监管仅仅在某一国或某一地区进行是难以发挥作用的，客观上要求加强监管的国际合作。

（二）开放条件下宏观金融风险的管理

1. 提高我国金融业整体素质，通过金融机构竞争力的提升加强开放条件下宏观金融风险的管理

要加快金融业务创新，不断开发金融新品种，大力发展中间业务，改善服

务质量，提高金融业的盈利水平。要逐步从金融分业向混业过渡，拓展金融业成长空间。目前，我国银行、证券、保险、信托实行分业经营，把金融机构的业务限制在一个狭小的范围内，难以有效规避风险，制约了金融机构的竞争力和创新能力，在一定程度上压抑了金融的内在活力。开放条件下金融混业从外部影响我国金融市场，外资金融机构实行混业经营模式，造成了事实上的不平等。为此，要顺应金融国际化、自由化的潮流，放松金融管制，由金融分业经营、分业监管的模式向混业经营、综合监管的模式过渡，增强金融系统的"内在稳定"，降低金融风险，提高金融资源利用效率和金融运行质量，提高金融机构的竞争力。

2. 加强市场体系建设，通过市场途径防范和化解金融风险

要加快货币市场改革，逐步实现利率市场化。利率的非市场定价不能正确引导资金流动，影响资源配置效率，甚至造成经济运行紊乱，加剧了信贷风险。利率市场化的着眼点是一种利率由市场供求决定的形成机制，是资金价格的市场机制，它包括利率决定、利率传导、利率结构和利率管理的市场化。利率市场化是我国实现金融对外开放的一个重要前提，能提供中央银行执行货币政策的空间，控制资本非正常流动造成的经济动荡，从这个意义上讲，又是实现货币在资本项目下可兑换的一个基本条件。资本市场特别是证券市场是国际投机资本冲击的主要目标，而我国资本市场发育滞后，相应的金融宏观调控和引导机制尚未建立起来，要根据金融市场的成熟程度，积极稳妥，谨慎而有步骤地推进资本市场开放，以规避国际金融风险。要进一步发展外汇市场，按照"主动性""渐进性""可控性"的原则不断完善人民币汇率形成机制，逐步扩大人民币汇率弹性，使汇率更加贴切地反映市场需求，让价格形成更具合理性。汇率制度改革的目标是完善人民币汇率的决定基础和形成机制，健全和完善外

汇市场，增强人民币汇率的弹性和灵活性。有序推进资本项目可兑换，资本项目可兑换意味着取消对资本流动的限制，即取消或放松资本管制，这就可能带来资本流动冲击和经济不稳定等风险，为此要加强跨境资金流动监测，维护经济金融安全，加强对短期资本流动的监管，建立对国际投机资本监管的预警指标体系，通过对这些指标的监测，以便能够相对准确地预测金融危机。

3. 建立适应金融国际化要求的、效率与安全并重的风险管理体制与机制

开放条件下外资金融机构增加对东道国金融活动的参与，国内金融机构加快金融创新的步伐，各类金融机构的经营行为都将发生深刻变化，必须把建立与完善金融监管体系和金融监管创新作为金融改革的重中之重。开放条件下对银行治理的强调是监管内容变化的主要特征，没有稳健的公司治理，银行监管就不可能有效发挥作用。建立良好的公司治理结构已受到国际金融组织和各国金融监管当局的高度关注，许多国家专门起草并发布了关于良好公司治理结构的指引或原则。开放条件下宏观金融风险管理更加注重引入市场化方式，更加强调激励相容，将金融机构的内部管理和市场约束纳入监管的范畴，并引导这两种力量共同支持监管目标的实现。金融开放后随着不同种类金融机构业务的日益交叉，以及金融控股公司的出现，金融业混业经营有所加快，机构性监管的体制越来越不适应，出现监管真空和监管盲点，英国金融服务管理局（FSA）的出现和美国联邦储备体系的改革可以看作对这一变化的呼应。我们要按照市场经济的要求，加强中央银行对金融的监管力度，完善金融风险的防范机制、分散机制和补偿机制，借鉴国外经验，建立我国金融预警系统和存款保险制度，加快金融监管的法律建设，尽快建立和完善现代的、严格规范的、结构严密的金融监管体系。

4. 加强国际合作与协调，促进国际金融体系和国际金融制度的改革与完善，稳定国际金融

20 世纪 70 年代以来，金融全球化浪潮迅速发展，地区性甚至世界性的金融危机不断出现，任何一个国家，无论是发达国家还是发展中国家，都难以靠自身的经济金融实力抵御大规模金融危机的冲击。当一国选择了开放和国际化，它就不只是选择了利益的共享，更需要承担起金融全球化所带来的风险和冲击，金融全球化使各国的金融产业趋向融合，国际金融环境的变化日益成为与各国经济金融密切相关的因素，为了各自和共同的利益，各国必须在金融全球化、金融自由化和金融监管中找寻最佳平衡点，并寻求制度化和规范化的协调与合作。金融监管的国际合作经历了合作、协调与控制三个阶段，各国互相交换信息，建立国际市场监管方面的责任分担机制，寻求共同的监管标准和程序，拥有金融监管的决策权、监督权和实施权。要实现与其他国家监管政策的协调合作，必须保持与国际货币基金组织、世界银行、国际清算银行、巴塞尔银行监管委员会等国际组织的联系，充分利用它们在协调国际事务中的作用，处理好有可能发生的临时事件及货币金融危机。加强国际金融信息的收集、处理和分析，把握国际金融市场的动向，对可能出现的金融动荡和危机做好预警。加强对国际游资的监管协调与合作，防止国际游资的大规模进入。加强打击金融犯罪的国际监管协调与合作，加强信息沟通和交流磋商，为有效打击我国境内金融犯罪创造良好的国际监管合作空间。加强人民币汇率机制的区域协调与合作。同时，应积极倡导和推动国际金融改革，尽快建立和完善与金融国际化发展相适应的国际金融体系和国际金融制度，创造化解和防范国际金融风险的制度基础和机制保障。

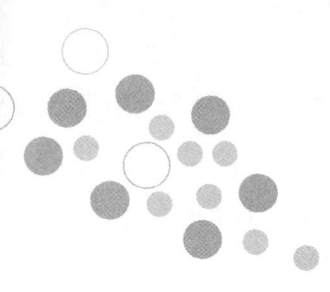

第三章 金融市场与金融安全

第一节 金融市场与金融安全概论

一、金融市场与金融安全的关系

金融本质是资金的交易,离不开金融市场。我们讨论金融安全,同样离不开金融市场。从各国威胁金融安全的金融危机教训看,往往是金融市场功能最容易受到冲击。所以,开篇有必要将金融安全的内涵和金融市场的运行本质进行揭示与分析。

金融安全的内涵应该怎样理解呢?自东南亚金融危机之后,国内学者开始对金融安全进行研究。有学者开始对金融安全概念进行理论界定,并认为金融安全是货币资金融通的安全,凡与货币流通及信用直接相关的经济活动都属于金融安全范畴。这一概念是从金融本身的传统定义来界定的。

不过,也有学者认为,货币资金融通安全观的界定非常直观,但失之于不完全,不能令人满意。该学者认为,国家金融安全是指一国能够抵御内外冲击,保持金融制度和金融体系的正常运行与发展,即使受到冲击也能保持本国金融及经济不受重大损害的状态,以及由这种状态和能力所获得的政治、军事与经济的安全。这一定义将金融安全的范畴拓宽至国家安全的其他因素,内容更丰富但又将金融安全的范畴泛化了。

2008年美国次贷金融危机后,金融安全再度成为学术界研究的课题。何德旭和郑联盛认为，金融创新与金融安全有着极为密切的关系。[①] 金融创新既有助于金融体系的稳定和金融安全，也有可能带来金融脆弱性、危机传染性和系统性风险，从而对金融安全产生负面冲击。刘锡良从金融国际化的视角认为金融安全是一种没有危险、不受威胁的客观状态，又是一种主观感受；是一种社会关系，是一种秩序下的自觉行为。[②] 他提出在美国次贷危机后，金融国际化使每一个国家都面临金融安全问题。何德旭认为，金融安全的内涵应包括宏观经济平稳发展、金融市场有序、金融机构功能发挥正常、存在适当的金融风险和金融安全是动态的等内容。[③]

金融安全协同创新中心认为，金融安全是一个高度综合的概念，一般与金融国际化交织在一起，与金融危机、金融主权密切相关。它体现为一国金融体系的稳定运行状态，关键在于核心金融价值的维护，根本取决于一国政府维护和控制金融体系的能力和一国金融机构的竞争力。刘家义认为，金融安全是指在全球化条件下，一国在其金融发展过程中具备抵御国内外各种威胁、侵袭的能力，确保金融体系、金融主权不受侵害，使金融体系保持正常运行与发展的一种状态。[④]

综上所述，可以认为金融安全可以从狭义和广义的范畴进行定义。狭义的金融安全是指金融体系能够健康、规范运行，对一国经济运行可以提供充足的金融支持，无爆发金融危机的可能；广义的金融安全是指金融体系既无爆发金融危机的可能，也不存在导致金融市场异常波动的潜在因素。

可见，金融安全的范畴离不开金融市场。从国家安全、国家经济安全、国家金融安全这个逻辑来认知金融安全更清晰，将金融安全的逻辑基础建立在金

---

① 何德旭,郑联盛.从美国次贷危机看金融创新与金融安全[J].国外社会科学,2008(6):21-31.
② 刘锡良.金融要促进开放型经济发展,支持国家走出去战略[J].财经科学,2012(12):6-8.
③ 何德旭.经济下行背景下的货币政策选择[J].中国金融家,2014(8):57-58.
④ 刘家义.中国特色社会主义审计理论研究(修订版)[M].北京:商务印书馆,2015.

融市场则更容易把握，也更容易制定相应的对策。金融安全的范畴不宜泛化，不能把所有相关的内容都纳入金融安全。因此，可以认为金融安全范畴应当以金融市场为基础，金融市场也是一国金融体系的核心。

在信息技术高度发达的今天，现代金融市场给人的印象深刻，各种关于金融市场的咨询非常发达，人们尤其是城市居民的日常生活已经离不开金融市场。当然，我们也不能忽视，在世界很多经济发展水平相对落后的地区，如非洲等地的原始部落经济体还没有金融交易的行为。

不过，从世界经济的发展历程来看，金融市场的存在可以追溯到货币最初出现的时期，这一观点可能存在争议。我们关于人类商品经济行为的具体诞生时期很难确定，不过，现有的大多数历史教科书认为原始社会后期产生于物物交换的货币可以为人类产生原始的金融行为提供一个大致的时间概念。但是，即便是货币产生的时间可以大致确定，我们也很难认定金融市场产生于货币出现的同一时期。

我们通常以欧洲出现的证券交易所作为现代金融市场产生的标志，17世纪初荷兰阿姆斯特丹的证券交易所的成立就是一个标志性的事件。如果按照这一时间来判断，人类金融市场的产生也就是400多年的时间。

在证券交易所出现之前，我们可以寻找银行的历史，因为银行是专门从事资金借贷的金融机构。世界上最早的银行应该是14～16世纪产生于意大利威尼斯的银行，而比银行更早的金融交易行为应该追溯到公元前3000多年的信贷行为。信贷行为可以被看作广义的金融交易行为，因此金融市场是在货币信贷行为出现之后的事。

信贷行为作为人类最早的金融交易行为之所以会产生，从直接的交易效果看，借款者可以利用借来的钱去购买商品并实现自己的目的，贷款者可以收回本金和利息。但是，我们如果追根溯源，信贷行为产生的根本还是人类当初的交换行为，而交换行为产生的根本动力是人类的欲望。

由于原始的信贷行为主要建立在货币与实物商品之间的交换，即使是利息也多以实物商品支付，因此其金融市场的特征还不明显。随着世界经济的发展，金融交易对象从实物商品逐步过渡到金融资产，以证券交易所为标志的现代金融市场主要以交易股票、债券及其衍生品等虚拟金融资产为主，它可以为金融资产配置并促进经济资源的配置来促进一国经济的增长，因此得到世界各国政府的大力支持。

从资产的金融属性看，金融市场交易的金融资产本质还是实物资产，但是为什么还要产生金融市场呢？直接交易实物资产不更能体现资产的价值吗？现在，每天数以万亿美元计算的金融市场交易量，本身的市场波动让参与者承受了较大的损失，金融市场的泡沫也是客观存在的事实，批评金融市场的声音从金融市场产生之后一直没有停歇，那么，又是什么原因使金融市场一直发展到今天呢？

要回答上述问题，我们首先要明白市场的作用。人类在史前时期是没有市场的，因为没有交换的必要和可能。但是，随着人类生产力的发展，交换出现了，交换行为的集中就促成了市场的产生。市场的优势本质上是降低了交易成本，促进了资源的配置效率。

从商品市场过渡到金融市场，本质上仍是降低交易成本需求的推动，因为商品交易会受制于商品的特性，尤其是一些大宗商品和需要信用交易的商品资产，其交易成本可能非常高，金融市场通过金融资产的标准化来实现降低交易成本的目的，客观上促进了资源配置的效率。

同时，金融资产持有者本身需要通过金融市场来转让风险，因为金融资产如股票和债券对应的实物资产可能出现贬值，持有者需要卖出这些资产来规避更大的风险，因此金融市场产生的另一个原因是人类风险管理的需求。

但是，无论是交易成本的降低还是风险管理的需求，都需要交易对手，这些交易对手就是金融市场的其他参与者。那这些参与者为什么会出现呢？一般认为，他们是为了获得资本利得。同时，推动交易成本降低和风险管理需求产生的根本动力是资本的本性。因此，可以认为金融市场存在的本质是资本的逐利本性，而资本逐利的本性背后是人类逐利欲望的本性。

二、金融市场的参与者

金融市场无论是有形市场还是无形市场，必须有供给参与者和需求参与者才能使金融市场正常运转并发挥自身的功能。我们常常可以看到，在一段时期内金融市场上涨和下跌趋势很明显的情况下，我们仍能看见巨额交易量的存在，即便是在金融危机期间，金融市场每天的交易量依然存在。

金融市场每天交易的完成依赖于各种不同类型的参与者，这些参与者对市场价格的判断出现差异化导致金融市场交易的持续存在，金融市场的功能才能得以发挥。如果金融市场的参与者不进行交易，那么金融市场的功能就不能发挥。因此，金融市场几百年的历史可以表明，即便经历了世界经济危机和世界大战，但世界金融市场的交易并没有终止。

如果从金融市场产生的历史看，金融最初的参与者一定是卖出金融资产的人或者企业。从证券交易所的出现看，金融市场的参与者最初是企业，融资驱动的企业是金融市场的主要参与者。这一点从银行信贷市场的历史来看，也可以说明，企业组织的借贷使之成为金融市场的主要参与者。当然，随着金融市场的发展和深化，融资者不仅仅是企业组织，政府组织和个人也可以是金融市场的融资者。

第三章　金融市场与金融安全

政府、企业或个人作为融资者进入金融市场，还必须有提供资金的人或组织，这些提供资金的人或组织（包括企业或政府），我们称之为投资者。因此，金融市场的参与者主要包括融资者和投资者。

由于政府组织拥有民众让渡的权力，因此政府组织金融市场具有较高的信用水平，违约概率较小，但是由于金融市场是政府的服务对象，政府进入金融市场容易获得一种特许权利益，它容易产生不公平的金融市场交易。所以，世界各国的政府组织不是金融市场的主要参与者，准确地说，它们不是交易频繁的金融市场参与者。

个人（或家庭）进入金融市场，由于自身的信用水平受到市场门槛的限制，个人很难成为金融市场的融资者，尤其是市场化程度较高的交易所金融市场，个人是不能进入市场融资的。所以，个人作为投资者是金融市场的参与者。在不同经济发展水平的国家，个人投资者的规模也不同，但是金融市场的发达程度和个人投资者的增长是成反比的。

从现有的发展中国家金融市场的投资者结构看，个人投资者数量一般比机构投资者要多。这是因为发展中国家的金融市场一般是由政府或企业向社会公众融资，这些社会公众大多是个人投资者，个人投资者实际上是帮助政府或企业组织分担了资金供给的压力，而随着发展中国家金融市场的发展，个人投资者的演变会推动机构投资者的产生。

在美国、欧洲等发达金融市场国家或地区，机构投资者成为发达金融市场的主要参与者，而发展中国家如中国等的金融市场尤其是证券市场的投资者主要以个人投资者为主。当然，这里主要是从投资者数量来说明，而不是市场的实际投资份额。

因此，要了解金融市场的参与者，必须对机构投资者有深入的了解，尤其对个人投资者来说，了解机构投资者是进入市场的必要条件。因为机构投资者拥有资金和信息的优势，同时也是金融市场趋势的主要影响主体。

一般来说，金融市场机构投资者包括上市公司等商业企业、投资银行或证券公司、保险公司（包括养老保险基金）、信托投资公司、投资基金（包括公募基金、私募基金等）、专业投资公司等。随着一国金融市场的开放，商业银行和境外的机构投资者也是金融市场的主要参与者。

在所有的机构投资者中，最具有活力的是投资基金，他们是专业投资者。随着金融市场衍生金融工具的发展，投资基金演化出了使用做空手段的对冲基金，他们成为当前全球金融市场的明星，因为他们已经成为金融市场波动的推动力量。当然，对冲基金在发展中国家一直是金融市场的"坏孩子"。

除了上述的融资者和投资者，金融市场还有一个重要的参与者，他是金融市场的管理者。金融市场管理者是否应该成为金融市场的参与者，还存在不同的看法，但是从世界各国金融市场运作的实践经验看，金融市场的管理者包括监管者和市场的组织者应该看作市场的参与者，因为他们的行为会对金融市场融资者和投资者产生客观的影响，这一点是公认的事实。

三、金融市场的投资工具

金融市场的发展由于资本逐利动力的推动，金融市场投资工具不断创新，形成了丰富多样的投资工具。金融市场创新的动力本身也是随着金融市场的发展而不断增强的，因为金融市场的发展最终增加了金融产业的规模和深度，同时也使依赖金融市场生存的金融从业人员规模不断扩大，他们的利益最终推动了投资工具的创新与发展。

金融市场早期的投资工具主要是股票与债券，这种投资工具是原生的金融资产，它的产生是经济发展的自然选择。当一些事业需要通过企业组织的模式来实现商业目标，但是现有的投资资金又不足，因此商业企业需要一种模式来实现资本集聚，发行股票和债券就是一种很自然的融资工具，这种工具进入市场流通以实现风险转移就为投资者提供了投资工具，这种逻辑是经济发展的自然路径选择。

随着金融市场的发展，股票和债券本身也在不断地发展。投资者对股票和债券的相关条款需要做相应的修改，股票就出现了优先股和普通股之分，优先股又发展成累积优先股等，普通股则发展成流通股和非流通股；债券就出现了固定利率和浮动利率计算的区分，根据债券发行的市场和主体又可以分为很多种类。

本来金融市场有股票和债券这两种基本的投资工具就可以满足融资者和投资者的需求了，但是金融市场的发展推动了金融市场投资工具不断增长和演化。20世纪70年代，受期货市场发展的影响，衍生金融技术开始出现，股票和债券的金融衍生品也开始出现了迅猛发展。

期货市场跟金融市场是什么关系呢？期货交易跟银行信贷一样，在经济发展中自然产生。现有的文献表明，期货交易方式比金融交易行为要晚，而且最初的期货交易方式主要是出现在农产品交易市场，因为农产品的生产周期长，价格风险较大，所以提前议定交货价格的内在动力就产生了，在现货交易基础上出现期货交易就是价格风险管理需求的推动结果。

现代意义上的期货市场出现在19世纪中期，以1848年的美国芝加哥期货交易所产生为标志，主要以商品期货交易为主。从时间上看，金融期货的发展是在商品期货交易所出现之后开始的，但是随着金融市场的发展，现代商品期货的金融化特征也越来越明显，尤其是全球大宗商品如黄金、石油等商品期货金融化特征十分明显。此外，从期货交易所交易的对象看，尽管期货合约交割对应的是实物商品，但交易所投资者交易的是标准化的合约，这种合约本质具有证券的特征，因此期货市场越来越成为金融市场的一部分，尤其是金融期货市场则成为金融市场重要的组成部分。

金融期货市场的出现本身是为了满足金融市场投资者的风险管理需求，通过设计做空规则为他们提供对冲风险的交易机制，但是由于金融市场价格风险是客观存在的，风险是不能消失的，只能通过市场交换来实现风险对冲，这就需要一个风险购买者或接受者，这种风险购买者主要是金融期货市场的投机者。这样一来，金融期货市场就出现了风险转移者和投机者，他们的行为推动了金融期货市场的运行。

金融期货市场的投资工具在原生的股票和债券基础上，衍生出了股票期货、股票指数期货、股票期权、股票指数期权、债券期货等。随着外汇市场的出现，金融期货市场还出现了外汇期货、外汇期权等衍生金融工具。这些衍生金融工具为投资者提供了投资选择，也为风险转移者提供了风险管理工具。

由于金融市场的集中交易活动更具效率，参与者的交易成本较低，尤其是在信息技术的推动下，交易成本越来越低。场外的金融机构和其他企业组织进入市场的内在动力较强，因此这种动力推动了金融市场投资工具进一步创新，这种创新的方向主要包括证券化、信用衍生品和互联网金融三个主要的方向。

首先，金融市场的证券化资产投资工具不断涌现。经过长期的发展，证券本身的标准化对提高市场交易效率具有独特的优势，同时金融市场的资本集聚功能又具有显著的效率，因此包括商业银行在内的企业组织就期望使用证券化技术来实现一些非标准资产如房地产贷款等的证券化，从而进入金融市场实现融资或风险转移。这些证券化资产包括各种资产抵押债券、集合资产债券、信托投资基金、存托凭证等。此外，使用证券化技术将资产组合标准化的证券投资基金也成为一种金融市场的投资工具。

其次，由于各种金融工具尤其是债务资产为基础的投资工具面临信用风险，投资者购买后不能找到合适的期货市场工具来对冲风险，因此基于信用关系开发的信用衍生金融工具便产生了。以美国的信用违约互换（credit default swaps，CDS）为例，尽管这种产品面临市场诸多的质疑，但是确实存在客观的市场需求。

最后，随着互联网技术的发展，利用互联网实现资金集聚的功能也开始出现，相应的金融投资产品的信贷投资工具不断涌现。同时，利用互联网技术实现资金众筹的模式也不断被社会公众认知并参与，这些都为投资者提供了投资工具的选择，也是金融市场的一种创新探索。

除上述金融市场投资工具外，还有银行信贷市场、保险市场、外汇市场、黄金市场、房地产市场、股权交易市场及艺术品产权交易市场等金融市场提供的各种投资工具。值得一提的是，我国商业银行近年来为了争夺客户，在利率市场化尚未完全实现的情况下，应对资产"脱媒"的压力，通过结构金融等金融工程技术，推出了各种理财产品和专项资产管理计划，也为投资者提供了丰富的投资工具选择。

上述分析更多地讨论了资本市场的投资工具，但货币市场的工具也日趋丰富。尤其值得一提的是票据。在西方国家商业银行的货币市场，票据是一种传统的融资工具，但是由于票据具有贴现的功能，在利率波动的情况下，在票据到期日之前就具有了投机炒作的价值，因此商业银行通过票据买卖来赚取利差就成了一种投资模式。由于我国商业银行不能进入资本市场，资产管理业务受到明显限制，票据业务成了商业银行的主流业务，票据也成了其在货币市场的投资工具。

不可否认的是，现代金融市场日趋丰富的投资工具本身也有金融机构营销市场细分和市场开拓的供给推动力量，并不一定具有真正的有效市场需求，尤其是在"金融空转"的情况下，一些结合金融工程技术且结构复杂的投资工具往往沦为市场投资者的"对赌"工具。

四、金融市场的参与方式

金融市场尤其是交易所金融市场（通常所说的场内市场）的建设是需要巨大的资金投入的，尽管这些投入以政府投资为主，但是这就决定金融市场的运作是需要成本的，进入金融市场的参与者都需要支付这个成本，以保障金融市场的正常运行。当然，与参与金融市场的收益相比，金融市场的参与成本通常要小得多。

对融资者来说，就需要付出融资成本。一般来说，不同层次的金融市场其进入的门槛不一样，所付出的成本也不一样。以资本市场为例，由于企业本身的规模和所从事的事业具有较大的差异性，因此世界各国都鼓励建设多层次资本市场，其中以美国的多层次资本市场为样板，主要包括主板市场、二板市场（或叫创业板市场等）、三板市场、四板市场等，其中通常将前两者称为场内市场，后两者称为场外市场。不同层次的市场对融资者的资产规模、盈利水平、信用水平、盈利模式等的要求有较大的差异。

根据不同层次市场的要求，进入金融市场的融资者成本通常包括各种专业中介机构，如会计师事务所、律师事务所等的费用，投资银行的顾问和承销费用，交易所的费用，营销费用及相关的资金成本等。这些费用通常是不确定的，也是相关机构的商业秘密，一般不对外公开。从全球的行业公认的水平看，融资者进入金融市场的成本在 5% ~ 10%。

除了支付相应的成本外，融资者还需要对相关的服务机构选择和融资定价等进行相应的准备。中介服务机构的选择较为简单,根据不同层次的市场和中介服务机构的市场声誉,其报价本身会有一定的差异,但是融资定价就是一个技术活。融资者需要和投资银行等专业机构进行商讨,确定好上市(或挂牌)时机,根据通行的定价方法确定好参考价格,同时还需要考虑价格的稳定成本,需要投资银行或专业投资机构进行市值管理,也需要进行相应的媒体宣传准备。

如果不是融资者,只是一个套期保值者,应如何进入金融市场呢?套期保值者跟一般的投资者不同,很多金融期货市场是需要申报的,要想交易所申报自己成为合格的套期保值者,交易所的交易行为会有专门的监管要求。如果符合参与市场的要求,套期保值者就需要在技术上进行准备。比如,计算持有资产的价格波动率,分析持有资产和相关衍生金融工具的相关性,确定套期保值比率的方法以及套期保值风险管理方法等。此外,套期保值者还需要准备一定的资金,因为期货交易都设有保证金制度,需要投入相应的保证金,这些保证金也有资金成本。

对投资者来说,参与金融市场主要需要准备一定的资金,并选择具备相应水平的投资经纪机构(主要是投资银行或证券公司),当然,这些资金会有时间成本,不同服务水平的经纪机构交易成本也会有一定的差异。对个人投资者来说,除了准备资金和选择经纪机构外,还需要对金融市场进行深入的研究和了解,但是从各国的实际情况看,个人投资者往往对了解市场方面充满了自信,在发展中国家的金融市场尤其如此,因为个人投资者不愿负担专业咨询的成本,所以他们只能靠自我服务或者凭感觉参与市场。

机构投资者跟个人投资者不一样,其具有资金和信息的优势。同时,机构投资者的管理人员具有一定的专业水平,具有个人投资者不可比拟的专家资源优势,对金融市场价格的影响较大。但是,与个人投资者相比,机构投资者管理的资金规模较大，尽管具有与经纪机构谈判降低交易成本的优势，但机构投资者的投资管理成本比个人投资者要高，进入市场的成本总体较高。

从世界金融市场的发展看，尤其是证券市场，投资者是可以通过融资融券制度来参与市场的，中国目前已有融资融券制度，而美国等发达国家早在20世纪"大危机"前就已有融资制度了。是什么原因导致融资融券制度的产生呢？融资融券制度本身增加了投资者的财务杠杆，实际上也增加了投资风险，但为什么政府还愿意推进这一制度呢？其根本原因是解决市场流动性问题。

金融市场的融资功能和风险管理功能都是通过流动性来完成的，投资者的投资和风险管理也是通过流动性来完成的。所以，金融市场注定离不开流动性，融资融券制度的主要功能是调节市场流动性，从而推动市场发挥价值发现功能，促进市场效率的提高。但是，融资融券的杠杆比例需掌握在一定的合理范围内，否则金融市场会产生流动性泛滥，最终导致金融市场泡沫的增加，从而导致金融市场异常波动和金融危机的发生。

近年来，影响投资者参与市场的因素除了交易制度外，还有交易技术。随着信息技术的发展，程序化交易技术开始被一些机构投资者使用，这一技术再配以高频交易技术，即使机构投资者不具备资金和信息的优势，也可以避免手工交易的行为偏差风险，直接通过计算机的交易技术工具就可以影响交易价格，在一定程度上增加了市场的不公平性，是各国金融市场监管者遇到的新难题。

第二节　金融市场的不确定性

一、金融市场的不确定性

在金融市场中，不确定性既是市场的本质，也是市场利润的来源。人类在20世纪早期就有经济学家开始探讨不确定性对利润的影响，这些探索利用了概率论的理论与方法，但是都从一个侧面证明了不确定性的客观性，我们唯一能做的是发现和估计它们的概率。

面对金融市场的不确定性，金融市场的参与者或相关者都可能面临较大的风险。按照奈特的定义，风险是可以估计出概率的不确定性。因此，为了做好金融风险管理，基于概率论的各种数学方法对金融风险的估计和度量成为金融工程领域的热门研究课题，全世界从数学领域投入金融市场领域的学者和科学家不在少数，而在金融学科领域这些研究也已经成为一种前沿。但是，遗憾的是，我们目前使用的研究方法即便越来越科学化，物理学、数学、工程学、计算机等学科的方法已经运用到金融市场的相关研究领域了，但是仍没有解决金融市场的不确定性问题。

面对金融市场的不确定性，投资者不断探索应对方法，其中对冲基金是实践的先锋。对冲基金主要通过做空市场来实现盈利，对一个国家的金融市场会造成巨大的下跌压力，从而引发金融危机，所以很多国家都很痛恨对冲基金。2016年初，公开做空亚洲国家货币（包括人民币）的是索罗斯等国际对冲基金，这些做空行为给相关国家金融市场带来了风险隐患，甚至诱发了金融危机。

那什么是对冲基金呢？对冲基金是一种集合投资基金管理模式，与一般的投资基金不同的是，它主要通过做空来实现盈利。那么，对冲基金是如何盈利的？关键在于"对冲"二字，与普通投资基金相比，它是双向的，可能盈利也可能亏损。那会不会有一种亏损更小的基金呢？对冲基金是通过构造两个组合，一个组合是当标的资产价值产生单方向运作的时候它的现金流一定是一正一负的，这样它就成了对冲，一赚一赔刚好对冲。对冲出现的差额小，当差额大于零时叫对冲盈利，当对冲差额小于零时叫对冲亏损，对冲差额等于零就叫保值。

衍生金融工具为标的资产上涨或下跌时产生两个方向现金流的投资组合提供了可能。比如说期货，它有可能跟现货市场构成一正一负的现金流组合。在现货市场，一手交钱一手交货比较容易理解，涨价就赚钱，下跌就亏本。以黄金为例，投资者持有10吨黄金，未来价格涨跌不明。可以在期货市场卖出10吨期货，当现货黄金价格上涨时，现货市场产生正的收益，期货市场产生负收益；反之，现货市场产生负收益，期货市场产生正收益。卖空产品时产生空头合约，与现货头寸形成投资组合，当标的资产价格上涨，一正一负的对冲现金流组合就成为对冲基金的盈利组合。

对冲基金通过现货和期货实现一个组合赚一个组合亏，合起来就可能等于零，或者略大于零或者略小于零，这样的组合就不会有大的亏损。当价格下跌时，如果没有期货就只能亏损，有期货就能有一个正的现金流来弥补亏损，这就是对冲基金的原理。为什么期货市场卖空的时候需要下跌才赚钱呢？期货交易跟现货市场不一样，期货市场是现在达成协议，将来的某个时刻再进行交割，所以在到期之前我们可以把现在还未拥有的东西卖掉，但在到期之时必须拿出来交付。与卖空相对应的还有买空，在期货市场上，当想要买某个资产，可以交定金，这就叫买空。不需要支付全部商品费用，只需支付一部分。这样就能实现所谓高财务杠杆的买空卖空。不管是买空还是卖空，计算收益时，基本原理是买的比卖的价格低才能盈利。

在金融市场的诸多参与者中，由于参与目的不同，可能被称作投机者、套利者或套期保值者。无论如何，使用对冲组合后的差额不一定为零，这种差额就给对冲基金提供了盈利的机会。所以，对冲基金实际上做的是一种对冲套利组合，这种组合有时候会略有盈利，这样就使得参与者的基金最终会赚钱。

不过，对冲基金组合既然是一正一负现金流对冲，它能赚多少钱呢？比如，现货市场上10吨，期货市场上10吨合约，好像不能赚多少钱。那么，金融市场上还有另外一种机制会让它赚很多钱，那就是财务杠杆。在金融市场上通过融资放大投资杠杆可以实现"以小博大"。一笔对冲交易是赚不了多少钱，但是如果说我们把这个杠杆放大，如100倍甚至数百倍杠杆，就会放大对冲盈利。当然，对冲基金组合本身并不一定是组合，只要使用了做空工具的基金都视作对冲基金。

对冲基金是以金融市场波动性为生存依据的一种投机模式，不管我们对它的态度如何，它至少为我们管理金融市场风险提供了一种思路。索罗斯是全球著名的对冲基金管理人之一，他本人对金融市场不确定性非常认同，而且他对海森堡的测不准定理非常支持，他认为金融市场是充满不确定性的，金融市场是测不准的。索罗斯认为，投资行为就是一种映射，是对现实金融市场的一种映射。由此，索罗斯建立了反身性定理，这种定理建立于测不准定理之上。[1]

不管怎样，我们对金融市场的不确定性仍缺乏充分的认知，因此我们仍不能准确预测市场趋势。尽管我们可以用复杂的数学函数和模型来揭示金融市场价格和风险的影响因素，但无法说明金融市场是确定性的实质性问题，金融市场是不能简单度量的。但是，我们面临的巨额金融资产需要进行风险管理，这是客观的需求，这需要我们对金融市场的不确定性进行研究。所以，我们看到

---

[1] 张维.金融安全论[M].北京：中国金融出版社，2016.

有很多金融专家、投资专业人员整天忙于分析市场，从不确定性中寻找机会获利或进行风险管理，也同时希望掌握金融市场波动的秘密，但即便这些精英前赴后继甚至付出毕生精力也无法实现目标。

因此，金融市场的不确定性成为参与者的决策扰动因素。对投资者来说，由于这种不确定性的客观存在，如果发生金融市场波动风险，投资者一般只能自我承担，或者采取套期保值的方式来对冲风险。对于投机者来说，他们通常会通过交易技术的改进来应对这种不确定性带来的波动风险。比如，通过高频交易和程序化交易，或者通过影响市场价格方向来规避风险。但是，这些技术一旦失败，投机者也只能自我承担波动风险。

对政府来说，即便是在宏观经济没有恶化的情况下，金融市场的不确定性还是金融危机爆发的基础因素，并可能威胁一国金融安全。由于金融市场不确定性的客观存在，它会纵容参与者的投机行为，助长市场价格的泡沫和加剧市场价格误判，因为金融市场不确定性也支持了价格测不准的判断。因此，在市场参与者非理性行为的推动下，这种不确定性推动的金融市场异常波动就可能成为金融危机的诱发因素。

二、金融市场监管的不确定性

过去30多年来，金融学术界和实务界的理论成果和实践经验都取得了不少成果，尤其是以美国为代表的西方发达市场经济国家，不仅出现了众多诺贝尔经济奖获得者，在金融市场的实践方面也走在世界前列，一度成为发展中国家的学习样板。在20世纪90年代以后，中国在推动经济体制改革的同时，金融体制改革和金融市场的发展也在不断推进，美国模式基本上是学习的标杆，大家对美国等西方市场经济国家的理论与实践成果形成了高度的认可。

第三章 金融市场与金融安全

从金融理论研究的成果看，从马科维茨[①]的证券组合理论、夏普[②]的资本资产定价理论、舒尔斯[③]的期权定价理论、卡尼曼[④]和希勒[⑤]的行为金融理论，到法玛[⑥]的有效市场理论，这些在金融学理论领域都被称为获得诺贝尔经济学奖的佼佼者，他们为金融市场提供了一个完美的理论体系，也为金融市场价格和风险的定价提供了参照基准。无论从金融学术界的引领，还是从高校的人才培养，这些理论都是领导者。

从金融市场的实践看，欧洲和美国一度是世界的先锋。在第二次世界大战之后，世界经济经过短暂恢复后进入了 20 世纪 50~70 年代的黄金时期，金融市场迅猛发展。在金融理论得到美国华尔街金融家的认可后，金融市场的发展进入了前所未有的繁荣时期。发展中国家在推进经济改革的过程中，也开始学习西方国家的金融体制。

可以说，发展中国家在学习西方发达市场经济国家先进的经验时，部分国家没有考虑到金融市场的波动本身的巨大风险。进入 20 世纪 90 年代以后，拉美地区的发展中国家开始出现以货币危机为主的金融危机，到东南亚金融危机，让世界开始重新认识金融市场在一国经济中的地位和作用。

东南亚金融危机发生后，结合拉美国家之前发生的局部金融危机，大家主要把原因归结为这些发展中国家的经济增长结构问题。比如，这些国家大多依赖出口拉动经济，缺乏内生的经济增长动力，经济增长持续性较差，受国际市场影响较大，因此金融危机的本身是经济增长模式的问题，很少有人去思考这些国家的金融市场及其监管本身的问题。

---

① 哈里·马科维茨（Harry Markowitz），美国经济学家，1990 年诺贝尔经济学奖得主。
② 威廉·夏普（William F. Sharpe），美国经济学家，1990 年诺贝尔经济学奖得主。
③ 迈伦·舒尔斯（Myron Scholes），美国经济学家，1997 年诺贝尔经济学奖得主。
④ 丹尼尔·卡尼曼（Daniel Kahneman），现代行为经济学大师，2002 年诺贝尔经济学奖得主。
⑤ 罗伯特·希勒（Robert J. Shiller），美国经济学家，2013 年诺贝尔经济学奖得主。
⑥ 尤金·法玛（Eugene F. Fama），美国经济学家，2013 年诺贝尔经济学奖得主。

在东南亚金融危机爆发过程中,由于主要是发生在发展中国家,以美国为首的西方金融市场较为发达的国家在这场危机中还有实际的利益,以索罗斯为代表的对冲基金在这场危机中还有投机套利的影子,同时美国华尔街的金融机构和美国政府金融监管部门如美国证券交易委员会(United States Securities and Exchange Commission,SEC)对自身的金融市场过度自信,缺乏相应的反思,这掩盖了美国金融市场自身的问题。

但是,西方国家的金融市场好景不长。在金融工程技术的推动下,金融衍生工具在美国华尔街横行无阻,金融机构为了追逐利润也过度自信金融风险管理技术,导致金融市场过度衍生化,在美国华尔街出现了异常复杂的金融衍生品,金融风险被不断放大。而这一切被发展中国家视为金融市场发展的趋势,美国政府对金融市场的监管也未及时跟上,最终导致了美国次贷危机,进而引发了欧洲国家政府债务危机,其对世界经济的影响至今仍没有完全消除。

这次危机不仅对美国经济产生了冲击,而且对全球经济产生了消极影响。尽管在危机后,美国经济借助信息技术产业的增长很快就实现了恢复性增长,但还没有出现趋势的转变,欧洲经济在这次危机后还没有完全恢复过来。更重要的是,这次危机让全世界对美国金融市场的发展模式及其监管体系产生了质疑。

在美国信奉的自由市场经济体制下,美国政府不会对自身的监管模式产生太多的质疑,因为美国政府认为市场可以恢复自身的活力,政府监管不应过度干预市场的活力。在这次危机之后,我们可以看到,美国金融市场内部的规则和运行模式并没有出现较大的改变,也就是说,美国通过危机自身来完成了金融市场的功能恢复。

但是,金融危机对一国经济的危害,美国之外的其他国家经济的运行模式并不一定能适应美国的金融市场模式。因此，在美国金融危机后，世界各国都在思考什么样的监管才是"好"的监管。

从欧洲国家的经验来看，我们仍不能找到适合任何一国的监管模式。欧洲作为现代金融市场的发祥地，我们从英国、荷兰、法国以及欧盟其他国家的金融监管看，这些国家的实践探索可以总结出分析式监管、内部监管与外部监管、原则导向监管、双峰监管、宏观审慎监管和微观审慎监管等模式，但是很难找到一个公认的金融监管模式。

从发展中国家的金融市场监管来看，尽管可以从美国和欧洲国家的金融监管实践获得一些经验，但是发展中国家的经济和文化背景差异性更大，而且发展中国家的经济体制基础设施并不完备，金融市场监管本身就很难找到一个统一的标准和模式，这就决定了发展中国家金融监管的不确定性是一个客观现象。

中国作为一个发展中大国，以社会主义市场经济为经济发展目标，其本身的金融市场监管就具有独特性。在美国金融危机后，中国金融监管部门对自身的监管模式进行了较为全面的反思。从金融市场的监管来看，至少在金融衍生工具的发展和金融杠杆的降低方面达成了一定的共识，尽量避免推出复杂的衍生品，加大力度降低金融杠杆和避免系统性金融风险，已经成为中国金融监管的短期目标。

不管中国的金融监管体制如何改革，中国急需一个金融监管的协调机制是公认的事实。同时，由于中国按金融行业分工设置了监管部门，监管部门与被监管的金融机构之间容易出现"内部化"效应，监管"捕获"现象严重，这种格局严重削弱了金融监管部门的公信力。

中国证监会目前是金融市场监管的主要责任部门，但是金融市场涉及的参与者又与中国人民银行、中国银保监会、中国证监会等其他监管部门的责任领域相关，所以中国证监会与其他监管部门的沟通与协调，同时建立符合中国金融市场实际需要的监管文化体系，也是目前中国证监会面临的难题。不管怎样，建议一个高效、有公信力的金融市场监管体系，防止系统性金融风险引发金融危机是这个体系的监管目标，这个目标本身也面临较大的不确定性。

第三节　金融市场信息的不确定性

一、金融市场信息概述

人类社会的发展是伴随信息的利用和处理发展起来的。从人类可记载的历史可以看出，古人早已注意到信息记载的重要性，同时随着人类之间的交往，信息通信的需求促进了通信技术的发展。但是，从信息的本质看，信息本质是人类决策的基本依据，也是人类应对不确定性的基本条件。

随着信息技术的发展，现代社会的人们对信息的认识越来越深入。信息论作为一种新兴学科早已被社会公众所认知。20世纪早期，部分科学家就已经开始探索信息传输的技术问题。1948年，美国数学家香农[1]开始探索信息的度量问题，信息论开始兴起。信息论的发展和应用，推动了信息技术和通信技术的发展，给人类的信息传递和信息决策提供了极大的帮助。

但是，信息论似乎并没有解决金融市场的不确定性问题，同时随着信息技术的发展，金融市场参与者似乎面临更大的信息不确定性问题，人类面临"信息爆炸悖论"。导致这种局面出现的原因是什么呢？有一个事实不容否认，随着信息技术的发展，人们接收信息的数量和处理信息的技术手段都发生了较大

---

[1] 克劳德·艾尔伍德·香农（Claude Elwood Shannon，1916—2001年），美国数学家，信息论的创始人。

的变化，尽管没有达到经济学的信息完全假定，但是至少信息传递的规模和质量都在大幅提升。因此，金融市场信息的不确定性主要是参与者使用信息的环节出了问题。

金融市场信息是金融市场决策的主要依据。根据信息的表现形式，一般来说，金融市场信息分为公开信息、专业成果信息和非公开信息。

公开信息是指根据法定要求在媒体上公开披露市场中已经发生的信息，它是保障金融市场透明度的必要信息，也包括媒体自行发布的信息，这些媒体信息不一定真实，但它是公开信息，也是金融市场参与者的决策依据之一；专业成果信息是指经过专业金融机构如投资银行的研究机构等通过专项调查和技术分析形成的信息，这些信息由于花费较高的成本，它只有部分参与者才能获得；非公开信息是指传递渠道有限，不会向社会公众公开的信息，它可能涉及法律规定禁止使用的内幕信息。

可以说，没有信息，金融市场就不可能存在。从金融市场产生的历史看，融资者进入市场必须提供其所掌握的项目信息，投资者进入市场必须依靠这些信息和市场其他相关信息进行决策。

即便是这些项目信息已经完全披露，但是投资者本身的认知水平、技术水平、行为控制能力、投资资金规模及运气都决定了其投资决策依然存在不确定性。

除了投资者自身的原因对信息处理的差异可能存在不确定性，还有融资者与投资者之间存在信息不对称的自然环境。在融资者卖出证券的过程中，融资者为了获得有利价格，存在故意隐瞒真实不利信息的动机，而投资者处于不利的信息接收者地位，为了保证公平，各国政府都制定了相关的法规。但是，信息不对称导致的道德风险会产生超额利润，因此金融市场信息存在不确定的自然条件。直到今天，金融市场的内幕交易仍是屡禁不止。

既然金融市场信息是投资者决策的主要依据，因此金融市场价格的变化跟信息就具有高度相关性。20世纪初，一些数学家开始使用数学方法如随机过程的方法来探讨信息与价格之间的关系。1900年，法国年轻的学者巴舍利耶[①]使用布朗运动来模拟分析股票价格。在此之后，很多学者开始探讨股票价格的随机性问题，并使股票价格的随机性特征成为目前公认的一个假定。

1970年，法玛在结合前人研究的基础上，提出了有效市场假说。他根据股票价格反映信息的程度，提出了强式有效市场（反映所有信息）、半强式有效市场（只反映基本面信息和技术面信息）和弱式有效市场（只反映技术面信息）三种有效市场模型，成为现在分析金融市场有效性的基本理论框架。[②]

法玛的理论框架只是为金融市场的微观效率提供了一个理论范式，但在实战中，投资者会想方设法去获得超额利润最大的信息，这就是非公开信息。但是，并不是每个投资者都能获得这种信息，而且非公开信息还涉及非法的内幕信息。在这里，非公开信息的范围要比内幕信息要广，内幕信息一般都会进行严格的界定，而非公开信息的传播范围及手段在法律的框架内难以完全覆盖。

由于信息传递的方式和手段具有复杂性，金融市场的各种参与者都很难获得完全信息，这就使金融市场信息注定具有不确定性。以投资者为例，一般的个人投资者只能通过公开信息进行决策，而这种信息的理论价值为零；资金大户和机构投资者能够购买专业成果信息和获得非公开信息，他们的信息理论价值至少大于零，但是由于金融市场的资金大户和机构投资者数量众多，因此即使是资金大户和机构投资者也不可能获得完全信息。

---

① 巴舍利耶（Louis Jean-Baptiste Alphonse Bachelier, 1870—1946年），法国数学家，现代金融数学领域奠基人。

② 施鸿. 浅议有效市场假说[J]. 经贸实践, 2019(19): 107.

此外，金融市场中的政府也不可能获得完全信息。从金融市场参与者的地位看，政府及其相关部门在理论上是可以获得完全信息的。但是，由于金融市场信息量巨大，获得信息的成本也较高，政府要获得相关信息需要投入较高的成本，由于金融市场理论上跟世界相关，这个信息获取成本理论上趋于无穷大。因此，对政府来说，金融市场信息也具有不确定性。

二、收集和处理金融市场信息的方法

随着金融市场信息规模的不断扩大，如何收集和处理这些信息就成了一个难题。事实上，金融市场的每个主体和金融市场的相关主体都在发生和传递信息，要对金融市场进行准确的决策，就必须对这些信息进行处理。由于当今世界国与国之间、组织与组织之间、人与人之间甚至人类与动物界之间、地球与外太空之间都存在行为的博弈，因此我们面对的信息还存在真假之分。

在金融市场中，假信息不一定就没有用。大量的研究表明，谣言和虚假信息对金融市场产生的信息有时比真实信息更大。一般来说，所谓的真实信息几乎来自官方许可的公开渠道，金融市场参与者的收集成本低，其理论价值也低，因此真实信息对参与者的吸引力不够，相反，谣言和虚假信息由于都是通过非官方许可的渠道传递，对金融市场参与者来说，由于不容易获得与真实信息不同的信息，谣言和虚假信息反而具有吸引力而引发市场投资者的非理性狂热，这种格局使得金融市场谣言和虚假信息拥有相当大的市场。

事实上，对金融市场信息进行收集和处理是一门技术性较强的学问。在一般高校里，一般要通过金融学、投资学、统计学、数学、计算机等学科的知识训练，才能完成金融信息收集与处理的系统专业技术训练。在美国，金融分析师协会还专门制定了一套知识标准，主要包括经济学、投资学、公司财务、数学和统计、职业道德等知识模块，这些训练考试过关后才能获得相应的职业资格证书。

经过上述训练的专业人才一般能够对真实的公开信息进行分析与加工，形成专业成果，这些专业成果一般是金融机构的高端客户才能获得。当然，有实力的金融机构可以自主研发信息收集与处理系统，如发布自己的市场指数、经济预测报告和市场分析报告。不过，一般金融机构在建立自己的信息分析系统时，都要付出较大的成本，这不是所有金融机构都愿意的，就是最简单的调查都需要金融机构投入巨大的成本。

在金融机构不能自己开发信息处理系统时，一般会采取外包或购买的方式。这种方式获得的信息由于传递环节较多，其理论价值也不断衰减，创造价值的空间十分有限。因此，即便是机构投资者，由于实力的差异，其自身收集和处理信息的能力差异也较大。这也造成机构投资者对市场判断会出现较大的差异。

一般来说，金融市场参与者必须对参与市场的相关法规，如内幕信息的规定进行研究和分析，涉及内幕信息的领域是不能触碰的底线，尽管内幕信息泄露案例时有发生，其带来的超额利润确实具有吸引力，但对一般金融市场的参与者来说，这是不能逾越的红线。

但是，在金融市场运转过程中，确实会有非公开信息而不是违法的信息，它可以获得超额利润，如一个企业的产品信息、客户信息和并购信息等。为获得这些信息，除了前面讲的专业训练和必要投入外，社会关系和职业层次是关键。对金融市场参与者来说，随着其在市场的社会关系网的扩大，获得一些非公开信息的可能性极大，同时如果社会交往的层次较高，这种可能性就更大。

不过，非公开信息本身是容易触犯法律的，其代价太高是公认的事实，不是所有金融市场参与者都能去追求的目标。但是，如果一个参与者具有较高的专业能力，对市场具有较强的学习能力，这种非公开信息的收集和处理是可能达到的目标。一般来说，内幕信息获得者的身份是很容易界定的，与这些人的交往也是有很大风险的。

但是，如果能够根据市场公开信息和自身调查获得的信息，并进行专业的分析和处理得出的非公开信息，它就是可以创造超额利润的信息。这种信息的获得需要超强的分析预测能力和学习能力。大多数参与金融市场的人存在获得这种非公开信息的内在动力，这也是解释投资套利行为永不消失的最好理由。

获得了合法的非公开信息不一定能获得超额利润。金融市场信息只是判断依据，而金融市场价格的波动最终取决于资金的推动，这种推动最终是参与者的行为。所以，非公开信息要发挥作用，还必须要有资金去支持这种信息所做出的决策。比如，收集和处理信息的结果是买入做多，但这需要决策者自己有足够的资金头寸来实施。

因此，金融市场信息的收集和处理结果并不一定与市场价格相关，比如很多股票的理论价值被严重低估，但它仍没有上涨。所以，在收集和处理信息后，还需要对市场内部的信息进行分析，才能得出正确的投资决策。

所以，金融市场参与者收集和处理信息不是只以自己所掌握的信息结果来作为参与市场的依据，还得收集和处理其他参与者的信息。其他参与者的信息同样有公开信息、专业成果信息和非公开信息，这需要对其进行分析处理。同样的一条信息，还需要对其他参与者的反应程度进行分析，而这一点通常得不到金融市场参与者的重视。

当然，不可否认的是，对其他参与者反应行为的信息收集和处理是最难的。因为金融市场为了维持其流动性，每个国家都不会允许公开所有的信息。比如，我们不能看到所有的买价、卖价及其数量，也不能看到买家、卖家的即时信息，这就给信息的收集和处理带来了超额价值的可能性，从而也增加了金融市场的不确定性。

事实上，在金融市场异常波动中，或在金融危机中，金融市场的谣言和虚假信息更能调动市场的神经，发挥其对市场的影响作用。遗憾的是，由于这种信息是所有法治社会所不能接受的，我们很难看到教科书上讲述如何收集谣言和虚假信息。

因为金融市场的谣言和虚假信息不具有真实信息的结构特征，所以我们很难建立它的理论分析框架。一般来说，金融市场参与者只能靠直觉和信息的异常程度来进行判断。比如，市场传闻中央银行要降息，这就需要对这种可能性进行分析；市场传闻某个企业要重组，也需要对这种假信息进行分析与处理。当然，对谣言和虚假信息进行验证的最好手段还是使用非公开信息渠道。

三、互联网时代的金融市场信息

自20世纪90年代开始，互联网开始改变我们的生活。起初，大家都认为互联网只是改变了信息传递的方式，如信息传递速度更快了，尤其是随着网上即时通信技术的出现，通过互联网可以快速传递各种信息，这是对传统的信息传递方式的彻底变革，这已经是一种革命性的变化。但是，互联网发展到今天，它不仅仅改变了信息传递的速度，而且改变了我们的生活方式。

对金融市场来说，互联网开始出现，大家可能只意识到它提高了信息传递的速度。比如，在没有互联网的时候，金融市场的相关信息只能通过传统的报纸、广播和电视等媒体来发布，与互联网时代的今天相比，仍有很大的差距。

现在，互联网经济、互联网政治和互联网社会（人工社会）等体系已经出现，互联网开始主宰人类的格局已经产生。如果现在没有互联网，没有网络、手机、计算机等信息工具，我们的社会将无法正常运转，人类将面临更大的不确定性甚至灾难。互联网已经改变了金融市场的各种特征，互联网金融对传统的金融形成了前所未有的冲击。

从金融市场的发展和演化看，随着互联网技术的发展，我们还需要现有的金融市场吗？尤其是互联网众筹技术的实现，当互联网网民能够实现实名制的时候，金融市场的融资和投资功能会被互联网金融取代吗？如果每个网民能够实现只有一个数字身份号码，而且这个号码无法通过复制的方式造假，同时数字货币能够合法化，互联网本身就可以变成一个金融市场，现有的金融市场形态必然消失。

但是，上述关于互联网金融市场的图景何时能实现，现在还无法准确预测，但是，在相当长的时期内，未来人类将面临网络金融市场和实体金融市场并行的运行格局。即便人工智能技术的发展促进两种类型的金融市场融合是一种趋势，但是现有的金融业出于自身利益的考虑，对两种类型市场的融合会产生一种阻力。

金融业内部对互联网金融市场产生的阻力最终会推动实体形态的金融机构和金融市场自觉采用网络技术工具，实现线上线下的运行格局，金融市场也不例外，但是实体金融市场的消失将是人类必须面对的趋势，只不过，这个过程将会很漫长，它需要人类有足够的心理准备和适应能力。

事实上，我们可以发现，世界各国现有的金融市场基本上实现了网络化的目标，但是市场的组织形式仍有实体的存在，如交易所形式。所以，互联网目前仅是金融市场参与者的使用工具，互联网金融市场也只是被看作实体金融市场的补充，我们还很难接受实体金融市场被取代的结局。

但是，不管是网络金融市场，还是实体金融市场，金融市场信息的本质没有发生改变。只不过，在互联网时代的驱动下，大数据的概念开始对金融市场产生影响。金融市场的大数据由于在金融市场参与者的交易行为推动下，相比其他的商品市场，金融市场的集中交易模式在计算机和网络技术的推动下，其大数据的概念早就出现了。

20世纪90年代初,一些从事物理、数学、计算机等学科研究的专家开始进入美国华尔街,在他们的推动下,金融工程和结构金融技术开始产生,其主要目标就是帮助金融机构处理金融市场大数据。从金融工程技术的发展可以看出,利用金融市场大数据,金融机构确实在金融产品的创新和风险管理方面形成了一套较为完整的理论与方法。

但是,美国次级贷款金融危机将上述技术的成就几近抹杀。到底是金融工程技术出了问题,还是金融市场本身出了问题?通过对金融市场运行的结构进行分析,我们会发现问题还是出在金融市场本身。金融工程技术本身可能面临不确定性,对金融市场价格模拟的模型和数据处理方法并不一定能获得真实的市场情况,但是金融工程技术结论只能是金融市场参与者的参照基准,金融工程技术不能帮助参与者做最终的决策。

那金融市场的问题到底出在哪?金融市场和其他市场最初都是为满足参与者的交易需求,但是随着这种市场形势稳定之后,金融市场会制造流动性,这种流动性是促进经济运行的一种无形功能。所以,金融市场要发挥正常功能并提供流动性,它就不可能达到信息完全的目标。

在互联网时代,金融市场的流动性功能仍是基本功能,因此互联网时代的大数据仍无法改变金融市场的不确定性。如果互联网金融市场取代了实体金融市场,大数据也无法改变金融市场的本质,除非金融市场本身消失,人类进入不需要市场配置资源的时代,大数据可以提供经济计划的支持,人类重新进入计划经济时代。

现在,互联网大数据的收集与处理成为互联网商业组织机构的利润增长点,这些机构利用网民对互联网的黏性,并通过大数据分析来设计信息发布方式,进而影响网民的行为,比如在商品市场,这种大数据的使用模式已经开始变成现实。但是,只要互联网商业组织的竞争还存在,真正意义上的互联网大数据就不可能形成。所以，互联网大数据的应用前景对互联网服务提供者来说，不能不说是一种"合谋"。

金融市场与一般商品市场不一样，其大数据的应用会受到政府的管制。因为金融市场的过度波动是引发金融危机的原因和一国金融安全的隐患，金融市场大数据的过度使用则是引发金融市场异常波动的重要因素。所以，即便是在互联网时代，政府对互联网技术推动的大数据信息应该做相应的规定，这是金融市场公平交易的保障。

但是，金融市场的参与者都是以逐利为本，对互联网信息的使用在市场内部会产生内在动力来推动大数据的开发与应用。金融市场参与者可以通过分析对手的信息接收习惯、信息获取渠道及信息使用程度，来修订自己的决策。同时，可以利用高频交易技术来获取信息不对称带来的套利机会，遗憾的是，这些技术只有机构投资者才有可能采用。

对一般的个人投资者来说，要应对互联网时代的金融信息收集与处理，只能靠参与市场的经验和学习能力来获取超额利润和管理风险。从金融市场本身的价值分布看，在互联网时代，通过互联网平台发布的信息理论价值趋于零，即便是在一些非公开的互联网平台如私人朋友圈、内部论坛等，金融市场参与者之间的博弈决定了这些信息的理论价值不会太高。因此，在互联网时代，金融信息价值最高的信息一般不会出现在互联网平台。

另外，互联网时代的金融市场也不可能达到完全信息的目标。20世纪50年代以来，以美国的经济学家为主的新古典金融学体系逐步成了美国华尔街的理论导师，他们的理论假设是完全信息市场，这是古典经济学的均衡分析基础。在一般的实体金融市场，完全信息是不可能达到的，这一点很容易理解与接受。但是，在互联网时代，由于信息传递的速度和规模显著增加，信息完全的假定似乎有了底气。

不过，从金融市场的实际运行来看，互联网技术并没有增加信息的透明度。首先，互联网时代的金融市场信息更加复杂，互联网信息传递的渠道和来源更加多样化，金融市场参与者的信息收集和处理成本更高，信息收集和处理的技术要求更高，金融市场参与者面临更多的互联网信息，但是受自身的条件限制，金融市场信息仍不能有效变成有价值的信息，更无法解决信息的质量层次问题。

金融市场参与者也更加复杂，人工智能机器人（程序化交易）作为金融市场参与者已经变成可能。传统的金融市场投资者主要以个人和机构来区分，但是在计算机技术和人工智能技术的支持下，机器人也将成为金融市场的投资者。在美国华尔街，大量的基金经理人变成后台信息处理的辅助人员，而计算机程序成为一线交易的直接参与者。这种没有人类经验支持的机器人一旦做出同样的决策指令，又可能会带来金融市场的异常波动。

金融信息战争也将变成现实，国际金融资本借助互联网媒体宣扬虚假的金融市场信息来误导市场也将变成可能。由于谣言和虚假信息在金融市场有利可图，在互联网技术的支持下，可以实现谣言和虚假信息的"病毒式"传播，从而引起市场的异常波动。从中国证券市场的经验看，由于信息披露的相关法规存在漏洞，借助互联网的谣言和虚假信息传播可以直接导致市场的大幅波动。

综上所述，在互联网时代，由于金融市场信息的本质没有改变，金融市场参与者的本性没有改变，金融市场流动性需求没有改变，这些都将进一步增加金融市场信息的不确定性，金融市场信息将是金融市场异常波动的主要诱导因素，从而增加金融市场危机的可能性，是一国金融安全的严重威胁，这是在互联网时代人类可能意想不到的一种结局。

第四节　投资者行为的不确定性

一、投资者行为与金融市场

在很多的学科理论当中通常对人做出一个假设,这个假设就是理性人假设。我们假设人是理性的,假设每个人都会按照既定的目标对自己的行为做出有效的决策,而现实中并不是如此。但是我们的很多学科假定是这样,如管理学和经济学,通常都是假定人是理性的。经济学中有个术语叫"经济人",这是古典经济学的思想,假定人是经济人,经济人的特点就是追求自身利益的最大化,也就是以人是利己的这个假定为前提,来推导出市场经济理论体系,并形成古典经济学的基本思想。

在市场竞争当中,所有的人都会去谋取自身利益最大化,在这个前提下,人与人之间的这种竞争就有可能导致以可计量的价格作为唯一的行为决策指标,而价格又是通过货币来度量的,在市场经济的背后,它深层次的原因必然导致货币崇拜,所以在市场经济条件下,什么都可以用钱去买。以前我们很难说任何东西都可以用金钱买到,但是由于市场经济崇尚这种经济人的角色,大家就会认为什么东西都可以买到,就是因为有这样一些经济学思想的存在,使得我们社会的价值观追求变得货币化、功利化。

在金融市场上也是如此。因为经济人假定在现实当中并不完全相符合,尽管对市场经济的这种模式每天都要参与,但事实上我们每个人的内心还有非经济人的思想,他们并不追求自身利益最大化,他们有慈善的心理、贡献的心理,他们愿意牺牲自己,这是人类从内在的角度来讲,也是客观存在的思想。投资者的内心一定存在一个非功利的空间。大卫·休谟[①]在《人性论》中试图探讨人学，我们会发现这些18世纪哲学家写的东西到现在好像仍然具有深刻的意义。经济人假设是亚当·斯密提出来的，亚当·斯密[②]的名著是《国富论》，但是亚当·斯密还有一部著作叫《道德情操论》，在这本书中他更倾向于对大卫·休谟的思想进行演绎。人是有同情心、有怜悯心的，人性之中还有非理性的东西。

经济人假设实际上是理性人假设，但我们实际上还有非理性人的存在，很多人的决策不是以自身利益作为目标函数来决策的。比如，每个人都有冲动的时候，都有不理性的时候，这些东西在金融市场上也存在。我们可以得出一个结论，就是由于人类在金融市场上的这种活动，它不仅仅有理性行为还有非理性行为，所以使我们对金融市场的看法，尤其是对未来的看法，不可能达成一致，如果所有人都是经济人，那这个市场最终会走向一个所谓的理性市场，就像一个"一致性市场"，这个时候就有可能会消除波动，市场就不会波动，不会波动的结果就是这个市场不会存在。

可以发现，投资者行为的不确定性决定了金融市场的波动是客观的。如果没有这种波动，这个市场最终会消失。所有人都是一样的行为决策的话，这个市场肯定会关闭。投资者非理性行为的存在，致使每个人的决策不可能一致，而且人也不可能完全分为这些人是理性人，那些人是非理性人，每个参与者都可能有非理性的一面。为什么提到这一点？因为目前的研究很少涉及这一方面，这一方面不好研究，或者说不好出标准的"科研成果"，关于人性的研究太复杂了，影响人性的因素也太复杂了。事实上，从教育的角度上都想把大家塑造成真正的人，但是我们现在对什么是真正的人很难回答。我们对真正的人的理

---

① 大卫·休谟（David Hume，1711—1776年），英国不可知论哲学家、经济学家、历史学家。
② 亚当·斯密（Adam Smith），英国经济学家、哲学家、作家，经济学的主要创立者。

解有很大的差异，对投资者人性的要求当然也不可能程式化。

由于人性的差异，非理性的一些因素在每个个体当中存在，因此使个体对金融市场的这种判断和看法永远无法达成一致，无法达成一致才形成了波动。比如，当市场下跌比较严重时，按理说应该不会有人买，但事实上还是有人买，这就是人与人之间的决策差异，导致金融市场波动的客观存在。

为什么人不是完全理性的呢？实际上对人的非理性因素、不完全理性因素的研究在学术界也有涉及。比如，经济学家凯恩斯[①]认为，人具有动物精神。所以，我们要对金融市场波动进行解释就肯定要从投资者的行为及其心理进行解释。遗憾的是，人类现有的研究成果并未解释清楚。事实上，我们对自然科学和社会科学的研究没有搞清楚人性的本质。

所以，我们在揭示金融市场的时候，涉及了人的心理和行为问题，现在我们再回到凯恩斯，上文我们提到凯恩斯提出了人的动物精神问题，到底什么是动物精神呢？这里另外一个术语就出来了——"社会人"，尤其在管理学中有社会人假设，有学者认为，人不是经济人。也有学者在解释金融市场的时候认为，股票市场选股完全是一种心理行为。

在金融市场上，由于其运行的相关因素较为复杂，投资者没有办法去对股票或者其他金融资产所谓的"价值"进行准确度量，因此在决策的过程当中，投资者的很多决策是靠其心理因素决定的，这就导致投资者行为在金融市场的决策很难达成一致，这就是金融市场波动的真正原因。

正是由于投资者行为直接导致了金融市场的波动，因此控制投资者行为就能影响金融市场的趋势。在金融市场的运行过程中，我们可以发现价格操纵等影响投资者决策的行为也常常发生。在资金和信息方面拥有优势的投资者，可

[①] 约翰·梅纳德·凯恩斯（John Maynard Keynes，1883—1946年），英国经济学家、"宏观经济学之父"。

以利用信息传递手段甚至欺诈等方式来引导投资者决策,从而影响金融市场的波动方向。

二、投资者行为的一般特征

投资者行为对金融市场的影响是投资者资本利得的来源,这是对金融市场得以存在最好的解释。事实上,我们可以看到,在金融市场遭受巨大损失的机构和个人对金融市场存在着严重的不满,而大家对金融市场的不满又恰恰是投资者可以获利的机会,因为这种不满会导致参与者的行为偏差存在。因为每一个参与者都很想知道对手的行为决策,这种行为决策相当于投资者的底牌,通过看到别人的底牌,每个投资者来决定自己的出牌。因此,对投资者行为的研究和探索在20世纪90年代后期促成了一门新兴学科的形成,这就是行为金融学。

从行为金融学现有的研究成果来看,很难有令人信服的研究成果。尽管像卡尼曼和沃特斯基[1]提出了著名的"前景理论",试图解释风险预期对行为的影响;罗伯特·希勒对行为金融的研究备受关注,他也因此获得了诺贝尔经济学奖。同时,国内外关于投资者行为的实证分析文献数量众多,似乎得出了机构投资者比个人投资者更为理性的结论,但这些结论很难经得起现实的检验。

金融市场在长期的发展历程中,无论是东方人还是西方人,投资者行为都呈现出一些一般性特征,这些特征主要包括过度自信和"羊群效应"。

我们传统的金融教材所讲的一些经验性的结论,很多是基于理性人假设。当市场价格对信息反映足够充分时,投资者的决策是无效的。比如,在技术分析当中,有个分析工具叫移动平均线。根据移动平均线来分析,我们可以看到死亡交叉点和黄金交叉点。死亡交叉点是卖点,就是把它卖掉;黄金交叉点是

---

[1] 阿莫斯·特沃斯基(Amos Tversky,1937—1996年),美国行为科学家。

买点。我们可以用周期比较短的移动平均线，与长期的移动平均线相交叉，就能看出这个信号。短期的穿越长期的，向上穿越，黄金交叉点；向下穿越，死亡交叉点。一般受过专业训练的投资者掌握得也不过如此，但这会增加他们的自信心。

事实上，我们掌握的一些经验性的投资教条，在现实市场中是无效的。因为金融市场价格是可以人为操纵的。当股票价格处于高位时，按照经验分析股票的涨幅空间不大，但是有很多投资者会在这个时候买进，如果这个时候没有人买进，那么在这个时候把股票推上去的这些资金就赚不到钱，我们把这个高价位买入的投资者叫"庄家"。

有些"庄家"能够顺利地盈利，是因为有很多股票投资者在买入股票时过分自信。一是这些人敢去买，二是他们认为自己的判断是对的。因为有这样一些行为特点的存在，所以使得我们的市场永远存在一些所谓的"聪明"的行为，而真正聪明的人不会过度自信，尤其在金融市场，要学会承认错误。理性的做法是在每一次决策时都应该想到自己的决策可能是错误的，还要根据市场走势学会及时纠正错误，这样才能够胜出。

投资者行为的另外一个一般性特征是"羊群效应"。在金融市场上，很多投资者行为是一种跟风行为，他们并不知道市场的走势，只是跟风买卖，而且这种跟风还具有传染性，在金融危机中，这种行为表现得尤为突出。在金融市场上波动根本就不是所谓的价值、理性的东西，而是市场投资者的行为出了问题，在上涨和下跌过程中就可能出现"羊群效应"。

在投资决策过程中，机构投资者会使用一些技术方法去吸引个人投资者跟风，这也是"羊群效应"。例如，"坐庄"的机构投资者会做一些持续上升的价格通道，在小幅微调后还继续往上拉，所以在后面的上升通道中，个人投资者就会产生"羊群效应"。大多数中小投资者在第一波上涨拉伸时不会产生"羊群效应",主要是机构投资者在主动拉伸,叫作"大资金主动拉,小资金在看";到第二波上涨时,小资金者开始蠢蠢欲动,一般来说在第一波敢于及时"杀"进去的都是"高手",因为在这一波还是能够赚到钱的。很多属于"羊群效应"比较强烈的投资者,通常是在第三波上涨的时候"杀"进去,而往往当他们"杀"进去时股价就开始下跌了,这就是"羊群效应"导致的决策后果。

现有的研究对金融市场投资者行为进行了总结,发现可以利用这些投资行为的偏差来获取他们的套利机会。有些手法如采用"对敲"等虚假交易手段引诱投资者跟进是涉嫌违法的,有些如通过合法信息的引导又属于合理的范畴,但不管怎样,不同投资者行为成为博弈的依据,这就加剧了投资者行为的不确定性,投资者行为的不确定性就导致了金融市场波动的客观存在。

第五节 金融市场价格的不确定性

一、资产定价理论的局限[1]

在人类演化的过程中,交换的内在需求需要对交易标的即商品进行定价,因此经济学的发展离不开价值理论,从古典经济学到现代经济学莫不如此。但是,由于价值决定的因素较为复杂,现有的价值决定理论仍只是人类的权宜选择。

在现代意义上的金融市场产生之初,人们并没有资产定价的标准和理论。以荷兰的阿姆斯特丹证券交易所为例,17世纪初人们在交易股票时,只能根据股票的面值和股票的红利来进行交易,股票的定价依赖于面值和红利水平。

---

[1] 张维,李海燕. 证券投资学[M]. 北京:高等教育出版社,2015.

但是，很显然由于面值本身随着利率和货币价值的变化也呈现出不确定性，红利更是发行股票的企业在未来承担风险后的回报，且本身也会受利率和货币本身价值的变化而发生变化，当时股票交易的价值基础是不确定的。因此，最初的证券交易所只是解决了交易的需求问题，并没有解决交易对象的价值确定问题。当人们制定交易决策时，就需要从交易本身的动机来分析。从人类历史的发展看，交换是人类演化的一种需求，交换既是满足人们欲望的方式，也是推动人类创造财富的手段。亚当·斯密的《国富论》本身就是论述英国财富的来源，其中重点论述了对外贸易是如何为英国创造财富的。

有了人类交换的推动，金融市场的存在就有了动力。因为金融资产最初主要是冒险的推动，因为冒险需要分担，股份制的产生正是为了分散冒险事业的一种制度，就是合伙来做一件事。但是，大家当初答应合伙做一件事，可能遇到无法预测的因素，因此合伙的人可能需要把当初的股份变现，这就需要一种机制来实现这个目标，证券交易所就是这样一个平台。

证券交易所在提供交易平台的时候，它无法解决股票的定价问题。同时，由于货币本身的发展最终过渡到信用货币的时代，股票等金融资产本身的价值也受货币价值变化的影响。如何将货币价值变化和发行证券公司的盈利能力结合起来对股票价值进行确定呢？随着金融市场的发展，价值投资理论作为金融资产的定价理论已经发展成为全球公认的金融资产理论价格确定的主流理论。

现有的主流教科书都认为证券价值分析是价值投资理论方法的基础，是证券投资学的"灵魂"，也是目前全球主流的证券投资分析方法。那么，我们有必要来回顾一下价值投资理论的历史。

一般认为，价值投资理论在20世纪30年代被本杰明·格雷厄姆（Benjamin Graham）提出后，受到美国华尔街的热捧，也涌现出了一大批成功实践者，沃伦·巴菲特（Warren E.Buffett）就是其中的典型代表。

在价值投资理论提出之前，早期的证券市场没有系统的价值分析理论，但证券交易价格的确定与利率等金融指标相关。在悉尼·霍默自1963年开始出版的《利率史》中，我们可以看到人类借贷与利率的历史可以追溯至史前时期，利率的客观存在为证券价值估计提供了一个分析框架。

首先，利率的存在主要来自借贷本身可能为借款者带来可观的收益和产生成果，因此贷款者需要分享这些收益和成果，不然就没有贷款给别人的动力。其次，贷款者由于放弃了自己当期消费的效用，因此需要得到一个补偿。最后，由于借贷本身存在一定的违约风险，也需要给贷款者一个风险补偿，不然的话借款者容易发生道德风险。

随着利率理论的演进，价值投资理论的历史线索可以在19世纪末期找到。欧文·费雪（Irving Fisher）在19世纪末和20世纪初开始探索资本价值理论，并在1930年发表了《利息理论》，提出了用未来现金流折现来确定当前价值的方法，对后来价值投资理论的形成产生了重要影响。

1934年，巴菲特的老师本杰明·格雷厄姆出版了《证券分析》这一价值分析的经典著作，被称为价值投资的"圣经"，开始提出证券的内在价值分析，并系统阐述了通过对公司的财务数据进行分析，就可以发现一些价值被低估的股票，从而实现价值投资的成功实践。这一思想至今仍是美国华尔街的主流投资理念。

在《证券分析》之后，约翰·威廉姆斯（John Burr Williams）在1938年出版了另一经典著作《投资价值理论》，对股票市场的投资行为和股票的内在价值进行了深入的分析，尤其对股利折现定价模型进行了深入的讨论，是价值投资理论的标志性成果。

20世纪50~70年代，是价值投资理论发展的"黄金时代"。莫迪利安尼（Modigliani）和米勒（Miller）、戈登（Gordon）、托宾（Tobin）、布莱克（Black）和斯科尔斯（Scholes）在证券价值和期权价值的研究成果成为价值投资理论的"核心"，为证券和企业理论价值确定提供了一个完美的方法论体系。[①]

由于这一理论体系在国际金融市场的主流地位，全球主要高等学校和职业教育，如特许金融分析师（CFA）、国际金融理财师（CFP）和我国的证券投资分析师考试都把这套体系作为专业教育和考试的主要内容，也可以说它是金融投资专业人士的一套"语言"，但是这并不能代表其是证券价值分析的最终标准。总的来说，证券价值的确定是一个非常复杂的课题，并没有真正意义上的"全球标准"。

但是，金融市场的交易者确实需要一个价值参照基准，现有的资产定价理论承担了这个责任。无论是股票债券还是金融衍生品，其在最初交易时就需要一个出价的参考，这样才能推动金融市场的运转。所以，现有的资产定价理论实质上是一种商业工具。比如，资本资产定价模型被称为"第二次华尔街革命"，证券组合理论被称为"第一次华尔街革命"，这些革命是商业革命，因为这些理论为做生意提供了工具。

通过对价值分析方法的分析，我们还会发现资产定价理论本身具有内在的不确定性。比如，折现定价模型由于相关变量的不确定性决定了其定量目标是很难实现的，其公式如下：

$$P_0 = \sum_{t=1}^{n} \frac{CF_t}{(1+r)^t} \qquad (3-1)$$

式中，P_0——证券的内在价值；

CF_t——未来 t 期内的现金流；

[①] 张维. 金融安全论[M]. 北京：中国金融出版社，2016.

r——折现率；

n——证券的期限。

在上述公式中，现金流和折现率都需要进行预测和估计，并不存在唯一的标准。除了现金流可以选择每股收益、每股红利和自由现金流等未来预测值的不确定性，折现率也面临选择定期利率、国债收益率、行业平均收益率等公认度高的无风险收益率，这些指标的选择受买方和卖方地位影响可能出现不一致，所以即便是用这种价值分析工具计算出来的理论价值，也仅是一种参考，不可能成为市场交易的最终标准。

上述定价公式主要为股票和债券理论定价提供基准，衍生金融工具的理论定价也是使用这种折现定价的基本思路，无非是考虑更为复杂的计算方法。比如，连续复利计算折现系数，对未来现金流的估计更为复杂一些。又如，期权定价模型由于考虑到标的资产价格的随机特征、波动率、无风险收益率等变量，其理论价值的计算更为复杂，引入了无套利均衡分析方法，但是都无法真正揭示资产的理论价值。

比如，布莱克–斯科尔斯欧式期权定价模型。

$$c = SN(d_1) - Xe^{-r}N(d_2) \qquad (3-2)$$

$$p = Xe^{-\tau}N(-d_2) - SN(-d_1) \qquad (3-3)$$

式中：

$$d_1 = \frac{\ln(S/X) + \left(r + \frac{\sigma^2}{2}\right)\tau}{\sigma\sqrt{\tau}}$$

$$d_2 = d_1 - \sigma\sqrt{\tau}$$

N——标准正态分布的累积概率分布函数；

S——股票现在价格；

C——欧式看涨期权的价格；

X——期权执行价格；

t——距期权到期日的时间；

r——无风险利率；

σ——股票收益率的标准差。

上述布莱克-斯科尔斯期权定价模型是在假定期权依托的股票价格遵循布朗运动，并通过伊藤引理来刻画期权价格与股票价格的关系，最后构造一个无套利组合，并在风险中性假设条件下推导出来的一个简单的期权定价模型，被称为"华尔街第三次革命"，为金融期权的推出提供了理论定价的工具。但是，其中的相关参数估计本身并不具有唯一性，尤其是无风险利率和收益率的标准差，这就决定了这一模型仅能提供一个定价参考基准。

此外，现有学术界和实务界公认度较高的资本资产定价模型，是在假定完美金融市场无套利的前提下推导出来的理论定价模型。由于现实金融市场无法满足其假定前提，因此资本资产定价模型计算出来的理论价格仍是一个理论参考，尤其是在被当成折现定价模型的折现率替代指标时，其本身的局限被再次植入内在价值的计算中，本身的不确定性就更大。

除了折现定价这种绝对定价法和基于无套利均衡市场的均衡定价法外，金融资产定价还可以采用相对定价法，主要是采用一些相对比率定价法，如市盈率、市净率和Q比率等。根据使用者的经验，相对定价法的方法可以演化出很多定价方法。在这些相对定价法中，市盈率是公认度最高的一种相对定价法。但是，市盈率本身也需要在市场平均市盈率、行业平均市盈率和无风险利率等变量中选择合理的市盈率基准，这一方法才能使用。因此，相对定价法本身比决定定价法和均衡定价法更具有不确定性。

此外，上述通过定量分析估计现值来确定理论价值的方法，没有考虑到一些非财务因素如特许权等因素产生的理论价值，容易造成金融资产价值被低估。尽管我们可以说，这些非财务因素的理论价值确定存在技术上的难题，但其产生的客观价值是无法忽视的，也决定了现有金融资产定价理论的局限性。

二、金融市场价格的确定[①]

既然现有的资产定价理论存在天然的缺陷，那金融市场价格到底如何确定呢？要回答这个问题，我们需要回顾金融市场在没有定价基准时的交易情形。如果我们没有公认的定价基准，必然需要采用基于交易规则的交易模式，金融市场才能正常运转，市场对现实经济的贡献才能真正发挥出来。

金融市场基于交易规则的运行模式决定了资产财务因素之外的交易者行为，也是价格的重要决定因素，金融市场价格确定的模型应当是

$$P_0 = \frac{E}{k} + \Delta \qquad (3-4)$$

上述模型实际上是零增长折现定价模型加上一个增加值 Δ（德尔塔），其中零增长的折现定价部分是基于财务数据的理论定价，问题在于后面的增加值是什么因素决定的呢？截至目前，现有的研究在这一部分的揭示仍是空白。有人认为，这一部分增加值是增长机会价值，也有人认为这一部分增加值是特许权增加值，也有人认为是市场交易增加值，但是无法找到一个确定的答案。

可以认为，这一增加值的解释最有说服力的是有效市场假说，金融市场参与者获得的信息会产生一个增加值，也为金融市场投资者提供了信息套利的机会。有效资本市场假说由费玛（Fama）[②] 提出并加以拓展，费玛本人因这一理

[①] 张维. 资产定价理论与有效市场假说：简单的历史线索[J]. 金融评论，2012，4（1）：113-119；126.
[②] FAMA E.F. Efficient Capital Markets: A Review of Theory and Empirical Work[J]. The Journal of Finance，1970（25）：383-417.

论的重大贡献于 2013 年与罗伯特·希勒同时获得诺贝尔经济学奖。这一假说认为，资本市场价格如果能及时反映市场信息，这个市场就是有效的，当然，这些信息包括其理论价格信息和参与者的所有信息。

与有效资本市场相关的另一个概念是完美资本市场。一般认为，完美资本市场应当符合以下条件：一是市场无摩擦，即没有交易成本和税收，所有的资产都是完全可分割的和市场化的，没有管制约束；二是产品和证券市场是完全竞争市场，在产品市场，这意味着所有生产者都以最小平均成本提供产品和劳务，在证券市场，这意味着所有参与者都是价格接受者；三是市场是信息有效的，信息无成本，并同时被所有参与者获悉；四是所有个体都最大化理性预期效用。

有效资本市场与完美资本市场的概念有所区别，有效资本市场不需要市场无摩擦的条件，承认投资者具有交易成本。有效资本市场也不关注产品市场是否完全竞争。例如，一家发行证券的公司可在产品市场上获得垄断利润，那么有效的资本市场将决定该证券的价格，这一价格充分反映了预期垄断利润的现值。因此，一个无效的产品市场仍然会形成一个有效的资本市场。此外，有效资本市场中并不需要无成本的信息。

费玛将有效资本市场划分为三种类型：一是弱式有效。没有投资者可以依据历史价格或回报信息形成的交易规则获得额外回报，换句话说，过去的价格或回报的信息对实现额外回报而言是无用的。二是半强式有效。没有投资者可以依据基于公开已获知的信息形成的交易规则获得额外回报。三是强式有效。没有投资者可通过使用任何信息获利，无论这些信息是公开已知的或未知的。

费玛的结论建议，投资者经常进行的交易会使自身因支付大量的交易费用而遭受损失，一项最优的策略是"买入并持有"策略。费玛认为，预测股票价格的两种方法如技术分析和基本面分析都是毫无意义的[1]。因此，在不确定世界中，一个证券的内在价值不可能被确定。

金融市场参与者之间对于单个证券的固有价值存在分歧，这种分歧给出了市场价格和内在价值之间的差距上升。然而，在一个有效市场，很多竞争性参与者的行动会引起证券的市场价格随机地围绕其内在价值徘徊。在有效市场中，平均而言，竞争将引起充分含有新信息的内在价值对市场价格迅速做出反应，"迅速调整"包含两层含义：市场价格对内在价值改变的过度调整和调整不足一样频繁；市场价格对新的内在价值的完全调整的步长是一个独立的随机变量。假定给定证券的价格改变是独立的，那么证券买卖的时机就不应当是一个问题，一个买入并持有证券的简单策略将与任何复杂的数学过程确定的买卖时机一样好。

过去的关于随机漫步理论的大量经验性检验主要基于两种方法：其一，一般统计工具，如序列相关性系数、游程检验。假如统计检验趋于支持独立性假设，那么数学规则和图表技术无效；其二，通过直接检验不同的数学交易规则来看它们是否提供了比"买入并持有"策略获得更多的利润来检验独立过程。有学者指出，尽管支持随机漫步理论的证据对一个可靠的理论而言是不充分的，但图表分析者必须承认使随机漫步模型大受欢迎的证据是一致的和可靠的。在一个随机漫步的有效市场，分析师选出的证券所产生的回报在相同风险状况下不会比随机选择的证券好。在一个随机漫步有效市场，在任何一个时点，证券价格都已经反映了许多分析师关注的目前可获得的信息对证券预期的判断，分析师的洞察力没有任何价值。

格罗斯曼（Grossmann）和斯蒂格利茨（Stiglitz）依据市场有效假说提出了

---

[1] FAMA E.F. Random Walks in Stock Market Prices[J].Financial Analysts Journal,1965,21(5):75-80.

著名的格罗斯曼-斯蒂格利茨悖论：如果市场价格已经反映了所有信息，那么投资者的搭便车效应将促使所有投资者都不去搜集信息。但是如果所有投资者都不去搜集信息，那么市场价格又怎么可能反映所有信息。

20世纪90年代以后，关于行为金融理论的研究开始流行，大量对资本市场的"反应过度"和"反应不足"的事件研究变得逐渐普遍，并对有效市场假说和随机漫步理论构成挑战。费玛对这些研究进行了针锋相对的反驳。费玛认为，对于许多最近的长期回报研究表明市场无效，尤其是发现市场存在长期回报的反应不足或反应过度[1]。但是有效资本市场假说仍不应被放弃，因为即使一个有效市场产生的事件范畴单个地表明价格对信息过度反应，但在一个有效市场反应不足和反应过度一样频繁。假如异常随机地在反应过度与反应不足之间产生，它们与市场有效是一致的。长期回报异常对于方法论而言是敏感的，对模型的任何选择都是令人沮丧的任务，它必须区分对信息过程的偏见，这些过程同时引起投资者对一些事情反应不足而对另一些反应过度，但关于反应不足和反应过度的文献从来就没有给出市场为什么会对一些情形反应过度而对另一些情形反应不足。

有效市场假说给出了该问题的简单答案：概率。异常回报的预期值为零，异常回报的概率随机地在反应过度与反应不足之间发生，长期回报异常的证据认为市场有效不是一个运行良好的模型，由于这些证据无法选择反应不足和反应过度的问题，因此这些证据看起来是无足轻重的。有学者对此给出了三点理由：关于反应过度和反应不足的文献中的样本事件是否为随机产生的；一些产生的异常只不过是理性定价而已；假如回报异常如此之大，以至于无法归咎于概率，那么在反应过度与反应不足之间的事件将不必然地支持市场有效，但是

---

[1] FAMA E.F. Market Efficiency, Long-term Returns, and Behavior Finance[J]. Journal of Financial Economics, 1998(49): 283-306.

异常回报是不稳定的，只要其他合理的方法被找到并用于计量异常回报，这些异常回报将趋于消失。该学者随后考察了季度股票发行、新股首次公开发行、并购中邀约公司的长期异常回报，认为一些文献中对长期反转的预测并没有在长期观察的结果中捕获。从整体上讲，从长期回报的文献看，市场概率预测是一致的，以至于长期回报持续和长期回报反转是同等可能的结果。

市场有效必须由正常预期回报模型检验。费玛对坏模型问题提出批评，尽管坏模型在短期窗口事件研究中并不严重，因为预期回报的估计几乎为零[①]。也有学者提出了理论和实证分析中的"坏模型问题"，并认为"坏模型问题"主要有两类：任何资产定价模型都只是个模型，而不能完全描述预期回报，如资本资产定价模型似乎不能描述小公司的预期回报；即使是一个真实模型，来自模型预测的任何样本期间会产生系统性偏差，平均回报中的特定样本图案归咎于机会。该学者同时建议，使用累积异常回报（cumulated abnormal return，CAR）和平均异常回报（average abnormal returns，AAR）应当是合理的，而当前流行的买入并持有异常回报（buy and hold abnormal return，BHAR）在统计上可能是有问题的。

有学者回顾了金融学家对首次公开发行、季节性股票发行、并购、股票分割、股票回购、更换交易所、红利的发放与取消、分拆、代理人竞争等事件的异常回报的研究，提出金融学家从来就没有给出在何种情形下会发生反应过度，在何种情形下会发生反应不足的结论。

针对有效市场假说的结论，学术界做了大量深入的探讨，但是似乎没有得出令人信服的一致性结论，一些学者开始引入更为复杂的数学工具对金融市场信息对价格的影响进行深入的探讨。随着非线性分析工具在金融市场的使用，

---

① FAMA E.F. Efficient Capital Markets: A Review of Theory and Empirical Work[J]. Journal of Finance, 1970(25): 383–417.

基于混沌理论的新视角为我们提供了理解金融市场行为的新途径，埃德加·E. 彼得斯（Edgar E. Peters）首次提出了分形市场假说（fractal market hypothesis, FMH），他强调证券市场信息接受程度和投资时间尺度对投资者行为的影响，并认为所有稳定的市场都存在分形结构。[①] 分形可以用于描述那种不规则的、破碎的、琐屑的几何特征，而分形市场假说的提出被认为是金融市场分析方法的重大进展。

不过，非线性分析工具的复杂性使类似于分形市场假说之类的解释并没有得到更多的公认。同时，以美国为主要国家的新古典金融学体系无论是在学术界还是在金融界都有较强的影响力。因此，有效市场假说更能得到较多的支持。

无论是机构投资者还是个人投资者，其对金融市场信息的反映程度存在较大的差异性，这种差异性决定了即使我们对市场信息套利能达成共识，但是金融市场价格增加值的确定仍是不确定的。

既然如此，在金融市场实际的投资行为中，投资者到底是如何来进行价格决策的呢？答案其实很简单：估计值。无论是金融资产的理论价值还是金融资产的市场价格，参与者只能靠估计。不管使用的估计方法如何，投资者都会自动选择成本最小化的估计值，而不同的参与者如机构投资者和个人投资者的选择具有较大的差异性，因此金融市场价格本身仍具有不确定性。

三、金融市场价格分析的方法

从金融市场发展的历史看，无论金融资产是否存在内在价值，但金融市场价格是长期存在的。我们可以从各种档案馆和博物馆中发现各国相关媒体对金融市场价格的记载和报道，同时我们对个人、家庭及国家财富的统计都离不开

[①] 彼得斯.分形市场分析:将混沌理论应用到投资与经济理论上[M].储海林,殷勤,译.北京:经济科学出版社,2002.

金融市场价格这一重要的指标，金融市场价格对资源配置的作用更是金融市场存在的基础，因此对这一价格的分析就成为金融市场相关主体的必要工作。

正是由于金融市场价格的重要性，因此各国媒体都在关注金融市场价格，各种声音都在分析金融市场价格，而金融市场价格分析本身是一门复杂的学问，需要对其构建相应的体系。

在金融市场早期，由于没有相应的金融市场价格分析体系，金融市场的投机行为大量存在。尽管投机者具有客观存在的价值，但世界各国对投机行为本身是不认同的，这是一种价值观。这种价值观直到今天仍没有本质的改变，与人类社会的经济活动发展密切相关。因为人类社会最初的商品交换是物物交换，这种交换的基础是交换双方都有实物商品，而金融市场的产生使人类的交换脱离了实物商品的交换，进入了虚拟经济时代，金融市场交易尤其是投机交易从直观上缺乏实物商品的基础。但是，随着人类社会商品经济进入信用交易的阶段，人类对社会化大生产带来的物质产品诱惑又无法回避，基于信用的虚拟经济确实给人类提供了满足感。因此，即便是对金融市场的投机存在不认可的心态，但考虑到物质带来的欲望满足，人类最终选择了对投机的忍耐和宽容。

随着金融市场在世界各国的发展，金融逐步形成了产业。而且，随着各国经济结构的变化，尤其是第一产业和第二产业逐步过渡到第三产业后，金融产业的经济地位和影响力开始影响一个国家经济的发展方向，因为各种产业与金融的融合在经济不确定的客观背景下，抵挡不了金融的渗透，因为人类所有的生活都被金融牢牢地控制，无论是战争还是政治游戏，最终都表现为金融行为。

金融产业的发展与强大必然需要相应的理论与技术的支持，金融市场价格背后即便存在投机行为，金融市场的参与者仍需要一个公认的规则和语境。所以，在过去几十年来，以美国为主要国家的金融市场价格分析逐步成为一种公认的体系，通过职业资格考试和大学教育的强化，目前基本形成了基本分析、技术分析和数理分析三种主要的金融市场价格分析方法体系。

基本分析是历史最悠久的金融市场价格分析方法，产生于金融市场的发端。在前面的论述中已经谈到，股票和债券这些证券最早的交易决策主要是基于对其面值和红利与债券利息的判断，交易者肯定需要回答这些证券是否值得买的本质问题。到今天，股票和债券的账面价值和盈利分红能力的分析仍是基本分析的核心内容。除了关键的财务信息，基本分析还包括决定内在价值的宏观经济、行业趋势、公司治理、国际经济环境等因素的分析。

世界各国对发行证券的公司都要求其提供详细信息，包括上述基本分析的相关信息，同时各种金融机构和专业的研究机构还会投入相应的研究力量，挖掘和发现发行证券公司的动态信息，参与这些分析工作的人也形成了较为稳定的工作流程与模式，他们在为金融市场参与者提供决策意见的同时，也为金融市场供给信息。

基本分析主要解释公司的内在价值，尽管这一目标很难实现，那么对金融市场本身的信息应该如何分析呢？经过金融市场参与者长期的实践与探索，也形成了全球公认的技术分析方法，主要通过对金融资产价格的时间分布特征来预测未来的价格趋势。通过技术分析，可以在一定程度上弥补基本分析的不确定性偏差。

技术分析同样由于大量的工作需要形成相应的流程与模式，因此技术分析从道·琼斯时代开始也逐步形成了相应的方法体系，但是这一体系没有基本分析体系那样被公认的程度高，同时技术分析毕竟是基于历史数据来进行的分析，对市场本身力量的揭示具有滞后性。所以，技术分析的准确性必须依赖于使用者的实践经验和行为控制能力。

尽管基本分析和技术分析存在不完美，但对一般的投资者和初级分析师来说，这两种分析方法进入门槛较低，使用的成本较低，更何况所有大学都有这些分析方法的教程，两种方法的使用范围较广，一般认为金融市场有 2/3 的参与者都会使用这些方法。

不过，由于金融市场价格带来的财富效应具有较大的诱惑，因此对于价格本身的规律探索一直吸引着数理方法的"高手"参与其中。20 世纪 90 年代以来，随着金融工程学科的兴起，从事数学、物理学、计算机甚至是人工智能的专业人士开始进入金融市场，通过更为复杂的分析方法来寻找金融市场变化的规律，无风险套利已经成为一种趋势。

但是，无论数理分析工具如何复杂，无论互联网时代大数据如何开发，其基本运算规则仍依赖于人，即便是智能分析程序，仍不可能解析对手的决策行为。因此，数理分析是一个吸引"高手"的领域，但是要真正主宰市场仍不可能，因为这些数理分析方法一旦被模仿，其效力就会自动消失，就如程序化交易软件一样，所有的机构投资者都开发类似的软件，其套利的机会就会消失，即便是与个人投资者博弈具有一定的优势，但是金融市场监管者可以通过规则的修订禁止使用这种工具。因此，真正能够解释金融市场规律的方法不可能存在，这也决定了金融市场价格分析方法的不确定性也是客观存在的事实。

除上述三种方法之外，金融市场价格分析还可以利用行为分析方法，这也是行为金融学的方法体系。根据行为金融学的理论，行为分析可以利用金融市场参与者的行为偏差实现套利，但是行为分析方法的流程和模式甚至都无法像基本分析和技术分析那样受到公认，即便是有成功的实践者，行为分析还无法成为一个稳定的金融市场价格分析方法体系。

第四章　金融危机与金融安全

第一节　金融投机的本质

一、金融投机的概念

金融投机泛指在二级市场的证券交易、外汇市场的汇率交易、期货市场（包括商品期货、指数期货等）的差价交易等。

二、金融投机与金融投资的区别

金融投资与金融投机的区别从概念上讲，金融投机是利用时势或其他的有利因素，通过对不具备投资价值的项目投入资金，短期内获利，甚至获取暴利的行为。金融投资是指企业投资于金融资产或金融工具的投资活动或经济行为，通过对有投资价值的项目投入资金，最后获取经济回报的行为。

从金融学角度来讲，相较于投机而言，投资的时间段更长一些，更趋向于是为了在未来一定时间段内获得某种比较持续稳定的现金流收益，是未来收益的累积。

从操作上看，金融投机、投资并不容易鉴定。打击投机很大程度上也就打击了投资。金融投机获利快，损失也快。过度投机会引起市场经济价格波动，使价格偏离实体经济供需关系，对国民经济的运行产生破坏作用。金融投机盈亏面较大。

三、金融投机的作用

要想对金融投机的作用进行理性分析，首先要从它的含义说起。投机是利用风险和不确定性来获得收益的行为。众所周知，金融市场的风险或者现实经济中的风险是无法消除的，因为我们自身的需求和生产的不确定性因素过于复杂，所以市场价格一定是处于波动状态的，这种波动状态就一定会带来风险损失。

谁来承受这种风险损失呢？金融市场参与者的答案肯定不是他们自己。对政府来说，金融市场本身是为一国经济增长服务的，显然不会承担风险损失；对企业来说，金融市场主要是提供融资支持的，当然也不愿意承担风险损失；对投资者来说，自己投资是为了分享企业利润，肯定也不愿意承担风险损失；对投机者来说，如果能获得较大的收益，他们愿意承担风险，只是风险损失可能导致血本无归。

事实上，无论金融市场波动有多大，这个市场一直在不停地交易，犹如人类的"永动机"一样，投机者的交易永不停止。所以，金融投机的第一个作用必然是通过交易来承担风险，但对投机者个体来说，这种情形不一定发生。金融投机者群体是金融市场风险的最终承担者，因此他们的投机收益具有合理性。

由于金融投机者是承担风险者，因此现有的套期保值和对冲套利等风险交易模式无不是建立在这个理论假设基础上的。如果没有这些风险承担者，套期保值者是无法找到对手盘来对冲自己持有资产的风险的；如果没有这些风险承担者，对冲基金做空套利的模式也是无法找到对手盘的。所以，金融投机者通过承担金融风险，也创造了丰富的风险管理手段，为经济的平稳运行提供了保障。

金融投机除了承担金融市场风险外，还可以促使金融资产发现合理价格。

现有的理论定价方法本身是存在缺陷的，因此我们无法找到金融市场资产的合理价值到底是多少，但市场需求又需要得到满足，对此，通过金融投机者的竞争可以发现一个合理价格，而这个合理价格则可以促进资金的优化配置。因为合理的资产价格会使愿意出价的人得到资产从而用于投资，投机者的竞争促进资源配置的优化。

试想一下，如果一个公司发行股票，大家都知道它值多少钱且一分不差，如果大家又不愿承担未来的变化风险，这个股票就可能卖不出去，交易无法进行，企业当然也无法得到资金。相反，现实的市场中，公司发行股票都只提供一个理论估价，这不是真实价值，于是，投机者可以根据自己掌握的信息和资金实力对价格进行竞争，最终获得自己理想的价格。无论这个价格是否合理，投机者自己的认可最终使交易能够进行，企业能获得资金，而资金得到了配置。

但是，金融投机者在参与金融市场价格竞争的过程中，有时会使价格偏离合理价格，出现投机"泡沫"。在金融市场很难对"泡沫"进行准确定义，如同吹肥皂泡一样，随着泡吹得越大，泡沫破裂的可能性就越大。而且，"泡沫"破裂后的震动太大，可能带来较大的损失。历史上每一次投机"泡沫"破裂都造成了无数投机者甚至是整个国家经济的损失和萧条，最终造成资源浪费，所以金融投机总是令人恐惧和害怕的。

既然金融投机可以促进金融风险的转移和资源的有效配置，那么，如果能控制其"魔鬼"的一面，岂不是一件完美的事。这个任务自然就落到了各国政府身上，这也反映了市场经济失灵后，政府这只"有形之手"所能发挥的作用。如今，我们可以看到金融市场发达的各国都已专门设立了监管机构，其职责就是控制过度的金融投机，促进金融投机的合理性和有效性，最终促进金融市场成为一国经济增长的支持力量。

所以，在政府对金融投机进行有效管理的前提下，从政府调控市场的角度来看，金融投机也是促进经济增长的重要力量。在金融市场中，金融投机者的参与可以提高金融市场的流动性，而流动性是提高一国金融资源效率的重要保证，因为金融市场交易通过流动性会增加投机者的热情，从而促进融资者降低融资成本，推动经济增长。另外，也可以通过流动性创造财富效应，促进投机者的消费，也可以拉动经济增长。

可以看出，金融投机不仅具有天然的合理性，而且监管得当，它可以成为促进一国金融市场发展和经济增长的重要力量。但是，由于金融投机的监管具有相当的难度，监管者和投机者面对投机带来的诱惑常常难以控制自己的行为，容易出现投机者与监管者的合谋，最终导致金融市场的危机，甚至威胁国家金融安全。所以，对金融投机无论怎么评价都不为过，关键看我们自己是否足够理性。

第二节　金融投机与金融舞弊的关系

一、金融投机的主要手段

金融投机主要通过信息不对称带来的价格波动来获取投机收益，因此对影响金融资产价格相关信息的控制就成为金融投机的主要手段。不过，金融投机者掌握信息的手段和掌握信息的质量直接决定了金融投机者的投机收益水平。

纵观金融投机的历史，我们会发现金融投机者采用的手段主要有三种类型。

（一）经验投机手段

如果我们回到 17 世纪，当时的金融投机者靠什么来做出决策呢？从当初的荷兰郁金香狂潮、南海公司股票炒作到美国华尔街的投机市场，投机者只能靠经验来做出决策,所以金融投机者的经验判断是历史最为悠久的投机手段。直到今天,大多数金融投机者仍然靠金融市场的经验来做出投机决策。

从现有的投资学理论发展历史看,真正在理论上有一个系统的框架是从20世纪30年代开始的,以格雷厄姆的《证券分析》发表为标志。那么,我们也可以得出,至少在17世纪到20世纪30年代,世界各国的金融投机者是靠自身的经验,而根本没有系统的理论和技术来指导金融投机行为。

在20世纪50年代之后,随着现代投资学的兴起,以美国华尔街的投机家为代表,除了格雷厄姆的价值投资理论之外,还兴起了以投机经验为基础的技术分析方法。

所有的金融投机者内心都想知道金融资产的内在价值,但是这个所谓的"内在价值"很难被人理解。如同其他资产价值的确定一样,现有人类的知识体系很难对价值进行准确的计算,所以最有效的方法是我们在处理价值问题的时候常常采用的估计方法,这一方法建立在相关参与者经验的基础之上。

尽管价值难以确定,但并不影响金融市场的运转,金融市场价格对财富的度量也不产生影响。所以,全球金融市场这台精密的"机器"每天持续运转,并转移着巨额的世界财富,没有人对此充满抱怨。这就说明,真正的金融投机者其实并不一定关心金融资产的内在价值,但是一定关心价格的变化。

面对不确定因素带来的金融市场价格变化,金融投机者依靠经验进行投机已经成为世界金融市场的常态。本杰明·格雷厄姆(Benjamin Graham)的《证券分析》和约翰·墨菲(John Murphy)的《期货市场技术分析》尽管被金融市场称为基本分析和技术分析的"圣经",但每一个投机者在使用这些经典来做决策的时候,会因为自己的经验而变得不确定,从而加剧了金融市场的不确定性。

全球众多大学都在给一代又一代的年轻人讲解投资学，但是每个学生的金融市场经验会使他们在使用大学课堂的理论和方法时出现较大的不确定性，这种不确定性对初入金融市场的"新手"来说，可能连自己都难以理解，但是在现实的金融市场上，这些"新手"往往又无法回避。

随着金融投机者的经验积累，对金融投机的一般现象可能形成一些固定的"模式"，但是仍无法改变经验投机的本质。以经典的威廉·欧奈尔（William J. O'Neil）的 CANSLIM 选股策略为例，他综合了基本分析和技术分析的经验，形成了 C（最近的季度每股收益）、A（年度每股收益）、N（创新）、S（流通盘大小）、L（股价领涨程度）、I（机构认同度）和 M（市场趋势）为主要指标的投机模型，并成为市场公认的经典模型。①

但是，欧内尔的模型本身在金融投机实战中充满了诸多不确定性，每一个投机者在使用的时候都无法避免市场环境的巨大变化，因此再经典的经验模型都会面临不确定性，投机者必须形成自己的经验模型。

由于金融市场投机者参与金融市场的经验影响因素十分复杂，因此金融投机者如果靠经验投机手段获取的投机收益是最不确定的。从金融市场的经验看，靠经验投机的投机者承担损失的可能性往往较大。同时，在一个发展历史较短的金融市场，由于投机者参与市场的经验较少，往往难以形成稳定的经验投机理论与方法，因此新兴的市场往往波动性更大。从我国证券市场的发展现状看，就可以得出这个结论。

由于我国证券市场发展的历史较短，加之我国是在计划经济体制下建设证券市场的，无论是对证券市场的认知和实践都存在经验严重不足的现实难题，所以结果就出现了无论是个人投机者还是机构投机者都存在经验不足的情况，

---

① 郭瑞珩，宋南熹.CANSLIM 法则在中国股票市场的可行性分析——以白酒行业为例[J].全国流通经济，2021（18）：100-102.

境外的投机理论与方法本身又具有不同的适用环境，因此我国证券市场的波动性较大与投机者的经验不稳定有关。

不管怎样，不管是个人投机者还是机构投机者，在金融市场投机中都离不开经验投机这一手段，这种手段使用门槛低，当然，其不确定性也大，也是全球金融市场波动的根源之一。在金融危机爆发过程中，金融投机的经验投机手段往往会形成"羊群效应"，加剧危机的程度。

（二）信息垄断投机手段

经验投机手段主要是基于投机者自身的学习和实践经验来做出投机决策，从而获得投机收益的行为。由于经验投机手段具有较强的不确定性，加之投机者本身的认知和行为偏差，因此经验投机的理论投机收益趋近于零。这就可以解释为什么金融市场大多数经验投机者获利甚微的原因。

为了追求更高的投机收益，资本实力强或者社会资源丰富的投机者一般会谋求更高级的投机手段。

信息垄断投机手段就是金融投机者获取更高投机收益的手段，一般被机构投机者采用，因为这种投机手段的成本往往较高，个人投机者很难采用。此外，信息垄断还需要一定的社交圈支持，这种社交圈的层次越高，信息垄断的程度就越高，其投机价值就越高。

我们知道，金融市场信息分为公开信息、专业信息和非公开信息，不同的投机者获得不同类型信息得到的投机收益是不一样的。但是，投机者在获取不同信息的时候，除了他可以投入不同的信息获取成本外，还由投机者处于不同的社交圈或者在金融市场行业的圈子来决定。

有投资家提出的"鸡尾酒会理论"可以解释不同的社交圈可以获取不同的投机信息。在鸡尾酒会上，来自不同行业背景的社交人士在一起交流，他们会根据酒会上不同交谈话题的重点来判断一般投机者行为的特征，从而揭示出对市场行情信息的判断。但是，"鸡尾酒会理论"也从另一个侧面揭示了不同的社交圈可以传递不同的信息。

当然，在互联网时代的社交圈是一种大众交往的手段，其金融市场信息的传递已经跟公开信息的本质无差距，所以社交圈的信息价值还取决于社交圈子的大小。一般来说，社交圈子越大，信息价值越小；社交圈子越小，信息价值越大。

人是一种社会性动物，社会交往是内在需求。金融市场是由人组成的，因此社交圈必然对其产生影响。长期以来，不同社交圈通过传递不同的信息来影响金融市场已是客观的事实。投机者处于不同的社交圈，获取不同的价值信息会对金融市场波动产生影响。

由于信息的公开程度直接与信息带来的超额投机收益相关，因此机构投机者往往处于社交圈顶端，可以采用信息垄断的投机手段。这种社交圈可以是身居高位的政府官员，也可以是金融行业的精英，当然，信息垄断也可能是源自某一自发组织的某一社交圈。

尤其是当机构投机者投入金融市场资金规模较大的时候，这些机构投机者更想垄断市场信息，因为其他一般的投机者需要信息来做出决策。因此，当某些能影响市场价格的信息存在的时候，机构投机者往往容易采取信息垄断的手段来获取超额投机收益。

这些垄断信息常常是非公开信息，在某一个圈子之外的人不可能知道这一信息，这种信息会直接带来超额投机收益。尽管这种投机手段会带来市场竞争的不公平，但是由于超额投机收益的驱动，机构投机者往往会想方设法地获取这种垄断信息。除了参与和组建各种社交圈外，机构投机者还可能采取信息收集和调查的方式来实现信息垄断的目标。

尽管世界各国对信息披露都有严格的法律法规，但是由于相关的法律法规的执行也需要成本，同时信息传递的方式复杂和具有高度的隐蔽性，尤其是一些非公开信息的传递更具有隐蔽性，因此在金融市场上，信息垄断投机手段长期存在，成为很多机构投机者的主要投机手段。

（三）价格操纵手段

从经验投机手段和信息垄断投机手段来看，无论是个人投机者还是机构投机者，仍存在获取投机收益的不确定性。如果采用信息垄断投机手段，获取垄断信息的机构投机者能否利用信息优势来获取投机收益，还要取决于其他投机者的行为，如果这一信息产生的价值并不被其他投机者认同，信息垄断投机者则不能获得超额投机收益。

那么是否有一种投机手段来确保获取超额投机收益呢？答案是肯定的。超额投机收益的来源是价格波动，如果投机者能控制价格波动，从而获取投机收益，这就实现了价格操纵的投机手段。

尽管世界各国都打击价格操纵，因为价格操纵不但违背了市场交易的公平原则，更重要的是使市场价格信息失真，严重误导市场资源配置，使金融市场失去了其存在的价值，无论是对投机者来说还是对政府来说，价格操纵都是无法接受的一种行为。但是，由于价格操纵可以获取较高的超额利润，其产生的巨额投机收益诱惑使一般的投机者难以抗拒，因此我们市场可以在金融市场危机中看到价格操纵投机者的身影。

总的来说，价格操纵投机手段较为复杂，其中包括信息操纵、虚假交易和行为诱导等综合手段。

价格操纵投机手段对一般的个人投机者来说望尘莫及，因为价格操纵需要一定的资本实力，当然，一些有实力的个人投机者也可能成为操纵价格的"庄家"，但是能实施价格操纵的投机者一般来说还是以机构投机者为主。与个人投机者相比，机构投机者更有能力组织获取垄断信息和组织资金，所以价格操纵投机手段常常是机构投机者的常用手段。

如前所述，金融资产价格本身的确定因素较为复杂，内在价值的确定也一样具有不确定性。因此，这种市场的不确定性为价格操纵投机行为提供了机会，因为参与投机的人对市场价格判断也是不确定的，价格操纵者就有了操纵投机的可能性。

金融资产市场价格的基本规律还是资产的供求规律，其基本决定因素是资产的规模，所以当投机者能够买入或控制足够多的资产，那么这种资产的价格通常就受这个持有者控制，一般的"坐庄"原理也就如此。按照这个理论，要想操纵价格只需要投入资金就可以了，但是投机者的资金是有成本的，因此价格操纵投机者还需要借助财务杠杆，需要利用便宜的或者通过不同期限组合的资金来完成价格操纵投机，从而实现最优的投机资金成本控制目标。

在金融交易的实践中，价格操纵投机者往往容易面临这种困境，随着持有仓位的增加，操纵者往往面临与整个市场的"对赌"，当市场出现突发小概率事件的时候，双方可能面临系统性风险，价格操纵投机者也面临巨大的风险，尤其是借助财务杠杆操纵价格时候，这种风险更大。

价格操纵投机者一般不会收购某一资产或公司，持有目标公司资产规模不会太大，因此操纵者还必须吸引对手盘和跟风盘参与投机，并实现在高位出货套现才能获取超额投机收益。

机构投机者在持有一定规模的资产时，一般都会受到一些限制，很多国家和地区都规定了持仓限制，这主要是为了防止价格操纵等舞弊行为，从而保证市场公平。但是，在实践中，投机者往往采用分散账户持有，或者约定隐蔽的"一致行动人"，来实现对某一资产价格的操纵。

就算能够对投机者的账户进行监控，但现实的价格操纵投机还表现在投机者使用"幌骗"的方式来影响投机跟风盘，从而影响价格。这种手段是利用计算机程序来连续下单并快速撤单，从而影响投机跟风盘的投机判断和价格，达到价格操纵投机的目的。

在程序化交易手段还没有兴起之前，价格操纵投机者往往通过虚假交易来吸引投机跟风盘，从而实现投机获利的目标。这种虚假交易可能是采用"对敲"交易，也就是"自买自卖"，通过这种交易来虚增成交量从而诱导投机者跟风。如果不同投机者之间私下约定虚假交易，尽管这在很多国家是违法的交易，但是，由于其高度的隐蔽性很难对其进行监管，从而使这种虚假交易成为价格操纵投机手段之一。

除了增加持仓和虚假交易之外，价格操纵投机者还发布信息对投机跟风者进行诱导，这种信息还可能由很专业的媒体或专家来发布，具有很高的可信度，但是，由于真实信息只有少数人知道或者说根本就没有真实信息，因此价格操纵投机者就有机会来操纵信息，甚至控制一个金融机构和企业来选择性发布真实信息来诱导投机者，从而实现价格操纵投机的目标。

综上所述，金融投机手段涉及金融市场交易的各个层面，但是根本上是对其价格的影响。当然，尽管投机者可以使用各种手段，但并不一定能完全成功，因为当市场出现系统性风险的时候，所有投机者都可能面临风险，金融投机的各种手段都会失败。在历次国际金融危机中，真正的投机赢家极少，其根本原因是，在这些危机中资产持有者都会面临风险。

即便是面临系统性金融风险，金融投机者仍会努力寻找风险管理手段，对冲投机技术本质上就是对冲系统金融风险的投机手段。但是，由于对冲本身需要较高的成本和投入，一般的个人投机者甚至机构投机者也很难采用这种手段，尤其是当机构投机者都会采用这种对冲投机技术时，对冲投机的对手盘很难找，对冲风险的机会也会减少。因此，即便有大量对冲基金的存在，我们仍无法摆脱金融危机的威胁。

二、金融投机与金融舞弊

金融投机为金融市场提供流动性的同时，也为参与者的风险管理提供了一种机制，正是因为金融投机者的存在，才使现有的金融市场能发挥支持经济增长的作用，因此金融投机的合理性具有一定的历史与现实意义。但是，金融投机行为存在一种底线，突破底线的金融投机行为就会变成金融舞弊行为，可能会带来金融风险，从而危害金融安全。

根据《辞海》的解释，所谓"舞弊"是指使用欺骗的手段，做违法乱纪的事。在国外词典中对"舞弊"的定义也基本差不多。现有世界各国的金融市场法规等相关"游戏规则"是保证市场公平公正的重要措施，即便是金融投机者也必须遵守，才能保障金融市场功能的发挥，最终促进一国经济增长。但是，金融资本的本质和金融参与者人性的弱点使金融舞弊行为常常发生，成为金融道德风险的主要来源，也是威胁一国金融安全的重要人为因素。

很显然，从理论逻辑上看，金融投机并不一定导致金融舞弊。在世界各国现有的法规体系中，都形成一种共识，金融舞弊是犯罪行为，也是金融投机者参与金融市场的行为底线。不过，中华人民共和国成立以来对投机行为的认知也经历了一个漫长的过程，曾经对投机行为进行了严厉的打击。

改革开放初期，由于短缺经济的现实，我国实行价格双轨制，这给一些投机者提供了倒卖商品和物资的机会，社会上出现了投机倒把行为，深受社会诟病。1979 年的刑法规定了投机倒把罪，1987 年国务院还颁布了《投机倒把行政处罚暂行条例》。随着我国开始建设社会主义市场经济，1997 年的刑法取消了投机倒把罪，2008 年也废止了《投机倒把行政处罚暂行条例》。

从这一法规演化的历史可以看出，我国对投机行为的认知经历了较为漫长的过程，但是投机行为本身并不一定意味着犯罪，在一定程度上为金融投机行为的合理存在提供了法治基础。我们可以说，金融投机与金融舞弊是存在本质区别的两种行为。

在我国现有的刑法中，对破坏金融秩序和金融诈骗的行为仍进行了明确的处罚。比如，对金融市场的内幕交易和价格操纵行为都进行了明确的规定和处罚标准。在《中华人民共和国证券法》中，明确规定了内幕信息和操纵价格的范围。内幕信息包括：一是发生可能对上市公司股票交易价格产生较大影响的重大事件；二是公司分配股利或者增资的计划；三是公司股权结构的重大变化；四是公司债务担保的重大变更；五是公司营业用主要资产的抵押、出售或者报废一次超过该资产的百分之三十；六是公司的董事、监事、高级管理人员的行为可能依法承担重大损害赔偿责任；七是上市公司收购的有关方案；八是国务院证券监督管理机构认定的对证券交易价格有显著影响的其他重要信息。

从内幕信息的范围看，即便是对内幕信息获得者进行严格的界定，但在执行中都会面临难题，内幕信息获得者在使用内幕信息过程中，我们是很难对其进行严格监管的。比如，内幕信息获得者并不利用直系亲属的身份信息来从事非法交易，这个时候对内幕信息的交易行为基本上就无法监控。

此外，明确操纵证券市场的手段包括：一是单独或者通过合谋集中资金优势、持股优势或者利用信息优势联合或者连续买卖，操纵证券交易价格或者证券交易量；二是与他人串通，以事先约定的时间、价格和方式相互进行证券交易，影响证券交易价格或者证券交易量；三是在自己实际控制的账户之间进行证券交易，影响证券交易价格或者证券交易量；四是以其他手段操纵证券市场。

可以看出，尽管金融投机跟金融舞弊存在本质的区别，但是，如果不通过"游戏规则"来进行明确，我们很难对金融投机行为进行约束，从而实现对金融投机行为的规范与管理，促进其对金融市场发挥正常功能。不过，由于法规明确地规定在现实中的实施是需要代价的，更何况金融舞弊行为本身的决定因素也异常复杂，常常可能发生"隐性"金融舞弊行为。

此外，金融投机行为在一国经济体系还具有一定的传染效应。当一国经济处于繁荣周期阶段时，金融投机会从金融市场传染到银行等其他金融机构，最终传染到实体经济企业，主要体现在信贷过度流向某一个行业，如房地产行业或者其他热门行业，从而导致金融运作的舞弊行为；当一国经济处于衰退周期阶段时，金融投机行为同样具有传染性，而此时的传染会导致金融市场资金流出，从而加剧市场下跌或崩溃，也会诱发金融舞弊行为。上述金融投机行为的传染效应引发金融舞弊行为，也是一国金融危机的重要人为因素。

从世界金融发展的经验来看，无论是发展历史较短的中国金融市场，还是已经发展数百年的西方国家金融市场，不仅是金融投机行为成为金融市场存在的必要条件，而且各国的金融舞弊行为并没有停止，金融市场投机者的行为仍是金融体系核心要素，当投机者本身不能约束和控制自身行为的时候，金融投机就会变成金融舞弊，从而成为对金融市场有害的行为，甚至引发金融市场危机的重要因素。

不过，在现实的金融市场中，我们很难严格区分金融投机行为和金融舞弊行为，金融投机者为了自身利益可能采用法律法规明令禁止的行为，但是我们的监管手段和金融投机者的职业道德素质还不能与市场发展的目标相适应，因此政府与市场之间的博弈也决定了金融投机者即便是存在金融舞弊行为，可能我们的市场自身不够"聪明"，从而不得不承担"隐性"金融舞弊行为的后果，从而使金融危机如影随形，威胁国家金融安全。

第三节　金融舞弊行为及其防范

一、金融舞弊行为的手段

（一）银行舞弊行为的主要手段

由于我国资本市场发展相对滞后，银行融资成为企业的主要融合渠道。企业对银行融资渠道的过度依赖，使银行舞弊行为成为"潜规则"，商业银行及其代表处的违规从事经营活动、授信额度控制不严、内部控制不严、操纵理财产品收益、关联交易审批程序不合规、存在冒名贷款入股、掩盖不良贷款、虚增利润、违规贴现、违规签发承兑汇票、违规发放贷款等成为银行舞弊行为的主要手段。

（二）证券舞弊行为的主要手段

证券市场是资本市场的核心，也是金融市场的重要组成部分。由于证券市场的投机者众多，投机行为普遍，因此证券舞弊行为具有面广量大、手段复杂多样等特点。证券舞弊手段主要包括内幕交易、操纵市场、证券公司违规、从业人员违规、投资咨询机构违规、发行股票违规和非法证券交易等手段。

为了打击证券舞弊，中国证监会除了各业务职能部门日常监管外，还成立了专门的稽查局来负责证券舞弊检查工作，根据披露的公开信息，这一部门的主要职能是拟订证券期货执法的法规、规章和规则；统一处理各类违法违规线索；组织非正式调查；办理立案、撤案等事宜；组织重大案件查办；协调、指导、督导案件调查及相关工作；复核案件调查报告；统一负责案情发布；协调跨境案件的办理；组织行业反洗钱工作；办理稽查边控、查封、冻结等强制手续；组织、协调行政处罚的执行等工作。

（三）保险舞弊行为的主要手段

保险市场作为金融市场的重要组成部分，为国家经济风险管理提供了重要保障手段，也是社会管理的重要工具。但是，由于我国保险市场发展历史较短，保险从业人员素质亟待提高，保险舞弊行为也常有发生，对于保险市场健康发展产生了消极的影响。

保险公司的舞弊还涉及财务收支、重大决策与执行、风险管理与内部控制、廉洁从业等方面。但是，根据这些公告，可以发现保险公司的舞弊手段主要是集中于各种中介机构的运作方面，其中涉及手续费支付、虚假保险合同、违规理赔与赔付、违规投资等。

保险公司的违规等舞弊手段主要包括：第一，数据造假。一是业务数据不真实。表现为虚假注销保单、制作阴阳单、违规批单退费、扩大赔案损失。二是财务数据作假。表现为虚增保费、虚列佣金支出、虚增营业费用等。三是资金账外运行。表现为设立账外账、小金库、坐扣、截留保费。第二，中介机构业务违规。一是虚开中介发票、虚假批退。二是财务数据弄虚作假。如少计收入、虚列成本、提供虚假财务报表等。三是违规开展业务。如与无资格的机构发生业务往来，异地展业等。第三，误导消费，诋毁同行。一是私自印制带有误导内容的宣传材料。二是营销员解释条款时夸大承诺收益。三是培训中使用误导性材料，宣传和展业时进行片面宣传，诋毁同业。第四，违规降费。一是通过非正常批单退费等手段变相降费。二是擅自修改报备条款，变更承保条件，扩大保险责任，降低承保费率。三是滥用无赔款优待等费率调节系数或违规协议承保，变相下调承保费率。第五，团险违规。一是长险短做，违规退保，退保金不回原单位，现金支付退保金。二是违规批单退费、违规支付手续费。三是超龄承保，未经批准擅自扩大保险责任。此外，保险公司违规销售理财产品、虚列营业费用、从业人员内外合谋骗保、互联网保险舞弊等舞弊手段也时有发生。

除银行、证券和保险三大行业的金融舞弊外，民间金融（含地下金融）和互联网金融舞弊手段也不断翻新，成为威胁金融安全的重要因素。从现有的各国金融市场发展经验看，"洗钱""黑客植入病毒程序"等舞弊手段在民间金融市场和互联网金融市场盛行，这些舞弊手段一旦与主流金融机构和金融市场相联系，就会成为危害严重的金融舞弊手段。

二、金融舞弊行为的主要危害

金融舞弊本质是一种金融道德风险行为。《新帕尔格雷夫经济学大辞典》把道德风险定义为从事经济活动的人在最大限度地增进自身效用时做出不利于他人的行动。金融舞弊作为参与者的道德风险，会直接导致金融体系的脆弱性。经过笔者长期对金融舞弊行为等道德风险的关注，金融舞弊的危害性主要表现在以下三个方面。

首先，金融舞弊是金融机构公司治理和内部控制的客观障碍。金融舞弊是金融投机者、金融机构从业人员遵从于内心的一种违法违规行为，具有"明知故犯"并且可能是合谋共犯的特征，这对参与的个人和集团有利但在一定程度上是损害金融机构公共利益的行为。因此，金融舞弊首先损失的金融机构无论是公有金融机构还是私有金融机构，金融舞弊都将直接导致其所在机构价值的损失，这种损失是通过危害公司治理和内部控制体系来实现的。

其次，金融舞弊违背了金融市场的公平公正原则。金融机构成为金融市场参与者，其自身出现金融舞弊行为，一定会使金融市场信息传递失真，不同参与者获得不同信息，并获得不同的市场价格。当这种价格决策一旦实施，具有信息优势的金融舞弊者能规避风险，并可以利用信息影响价格趋势，从而实现超额投机收益，从而加剧金融市场的不公平性，降低金融市场的效率。

最后，金融舞弊也是助长金融非理性行为的重要因素，成为推动金融危机的重要力量，从而威胁一国金融安全。金融舞弊带来的超额非法收益往往是刺激金融舞弊的内在动力，这种动力在整个金融行业形成"共识"的时候，可能是局部的或者是个人及个别机构的金融舞弊，就可能成为推动整个行业和市场非理性行为的重要因素。金融机构个人舞弊如果与整个机构的舞弊目标一致的时候，他们会共同获取超额投机收益，此时容易形成"一致性金融舞弊"，这种"一致性金融舞弊"极易促成金融危机的发生，从而威胁一国金融安全。

三、防范金融舞弊行为的"超级监督模式"

随着金融在现代经济体系中的重要性日益提升，金融舞弊行为不仅可以导致金融业和金融市场自身的腐败和低效，更重要的是会降低其对实体经济的贡献，形成系统性金融风险，从而导致金融危机。因此，防范金融舞弊已成为一大难题。因为金融舞弊本身具有隐蔽性、高智性和群体性等特征，涉及对人的行为控制问题。事实上，如果我们对金融从业人员进行合理的监控，可以在一定程度上防范金融舞弊行为。但是，合理的行为监控要完全杜绝金融舞弊实际上是很难做到的，更何况如果金融从业人员出现合谋的情况，我们就根本无法监控金融舞弊行为。

从理论逻辑上看，我们可以从行为科学、信息经济学和行为金融学等学科的理论来反思现有金融舞弊防范措施的政策思路。

首先，从行为科学的角度来看，金融舞弊者本身的行为与一般人无明显差异。人的价值观和行为特征直接相关，而且价值观是个无法解析的主观指标，具有易变性和隐蔽性的特征，尽管金融从业人员一般都十分强调职业道德，但当人对满足欲望层面对象的追求成为主要驱动力的时候，价值观就没有抵抗能力了，因此我们不能指望通过塑造职业道德体系来防范金融舞弊。

其次，从信息经济学的角度来看，金融舞弊之所以产生是因为信息不对称。因此，金融从业人员一般会遇到"代理人"问题。也就是说，金融业的从业人员是代理人，他们在金融机构所有者无法了解和指导内部经营实际情况信息的时候，容易做出不利于所有者的行为，这就是道德风险。要解决这一问题，金融机构只需设计好激励制度就可以防范金融舞弊。但是，金融业的实践证明，无论激励防范是什么水平，都无法满足金融舞弊者的欲望，因为这些欲望无法准确定价。

最后，行为金融学试图从投资者的理性程度来建立一套理论体系，与新古典金融学的假设不同，行为金融假定金融参与者是非理性的，试图从非理性的角度来刻画投资者行为。又由于非理性行为具有复杂性等特征，因此我们要从行为金融学的角度建立金融舞弊防范措施。

基于上述分析，那到底能否找到防范金融舞弊的有效措施呢？答案是否定的，其基本理论基础就是人的行为是不可靠的。但是，由于金融舞弊的危害性极大，任何一个国家的政府都不能容忍金融舞弊行为，因此从必要性角度出发，研究提出防范金融舞弊行为的"超级监督理论"。

首先，要防范金融舞弊，必须要有一个强有力的金融监管体系，而这个金融监管体系之上还需要有一个更强的金融监管部门的监督部门，这个部门可以获得政府的直接授权。通过对现有的金融舞弊案例进行分析发现，金融监管部门监管不力是主要原因，不同体制国家都出现了同一个问题，这就是"监管人内部效应"。金融监管部门可能为了掩饰自身的不足或者受所监管对象的"诱惑",造成监管缺位甚至出现监管腐败,从而出现上述效应。要解决这一问题,必须将金融监管部门置于监督之下,这是"超级监督理论"的基础。

其次,金融机构和金融市场必须进行动态监督。金融机构是商业机构,它是为资本服务的,自身具有舞弊的内在动力;金融市场是金融投机场所,参与者本身也具有舞弊的内在动力。单靠金融机构内部控制体系,还不能解决金融舞弊问题,因此需要金融监管部门对金融机构和金融市场进行动态监督。在信息技术的支持下,可以通过金融市场大数据来建立相关监督模型,尤其是可以实现对异常行为和异常波动的动态监督,这种动态监督已经变得可能。

最后,金融从业人员必须进行"核心行为监督"。因为个人行为存在保护隐私的需求,因此对金融从业人员必须给予一定的私人空间,但是从世界各国的金融舞弊案例看,恰恰是金融从业人员的行为缺乏有效监督,最终酿成舞弊事实,从而形成金融风险。金融监管部门和金融机构以及金融市场管理者都应当对相关金融从业人员实行"核心行为报告制度"。比如,金融从业人员的直系亲属、婚姻关系以及社会圈等核心行为要素必须报告,这样,使外在监督转化为金融从业人员的内在行为约束。

要通过"超级监督理论"模式来设计金融舞弊防范措施,似乎对金融监管部门人员和金融从业人员要求过高,但其实不然,从世界各国金融行业薪酬水平看,都普遍高于所在国家其他行业,因此这已经解决了对金融从业人员的"激励"问题,通过加强监督甚至加强个人行为监督,对于防范金融舞弊具有一定的现实意义。

第四节　金融危机的根源及其危害性

一、金融危机的演化机制和内在原因

回顾人类历史上的金融危机，无论是中国古代朝代更替交织的货币金融危机，还是西方国家400多年来的国际金融危机，我们可以发现金融危机的演化机制和内在原因其实并不难，每一次危机都与经济社会环境的恶化、货币贬值与泡沫滋长、非理性的投机狂热、金融市场的异常波动、政府监管失灵等因素相关，这些因素的演化常常又具有周期性特征。

（一）经济社会环境的恶化

在人类的历史长河中，人们对权力的崇拜，使朝代的更迭更容易联想到政治权力斗争，胜利者总想把历史的功绩锁定在自己身上，这是人类无穷欲望网络的一个节点，也是人类丰富情感的一种表达而已。事实上，朝代的更迭更与经济社会环境的恶化相关，而金融危机的特点更是如此。在封建社会时期，朝代的衰落周期跟金融危机密切相关，这与当时的经济社会环境恶化有关。即便是进入资本主义社会，金融危机不一定会导致国家覆灭，但是每次金融危机都会伴随经济环境的恶化。这种经济社会环境的恶化一方面表现为实体经济的危机或者衰退，另一方面也表现为政府腐败或者政府执政危机，也许这种危机是政治斗争的结果，但是政府对经济社会的管理一般都会出现较为严重的问题。

（二）货币贬值与泡沫滋长

无论是实物货币制度还是信用货币制度，都会遇到货币价值不确定的问题。从每次金融危机的历史事实看，我们不能嘲笑当时的统治者怎么连基本的金融知识都不知道，即便在自称金融学理论知识很完善的今天，我们仍不知道货币

的真实价值或者合理的理论价值。历史上的金融危机可以揭示，尽管当时的统治者非常努力地自救，也是出于良好的愿望，但是，由于统治者自身的政治欲望，最终只能使用推动货币贬值的货币政策，直到今天，世界很多国家仍在采用货币数量论的政策思路，信贷扩张可以成为推动经济增长的工具，货币贬值政策似乎成为各国政府乐于使用的一种政策工具。这样一来，各种商品和资产价格泡沫必然产生，最终成为推动金融危机发生的重要因素。

（三）非理性的投机狂热

由于人类的投机天性，即使一国经济社会环境良好，币值和商品价格稳定，但是，市场内在的竞争驱动力会催生非理性的投机狂热行为。在日常生活中，其实每天都在上演投机狂热，只不过投机对象的差异化会暂时将投机狂热隐藏。比如：房地产市场的投机狂热往往比股票市场具有隐蔽性；实物商品的投机狂热往往比金融资产具有隐蔽性；人际交往的投机狂热往往比商品市场具有隐蔽性。所以，事实上，非理性的投机狂热成为人类至今无法消除的天然金融危机诱发因素，而且这种因素具有群体性、隐蔽性和复杂性等特征。

（四）金融市场的异常波动

在现代意义上的金融市场诞生之前，无论是我国还是西方国家，每次金融危机都会表现为各种商品尤其是紧缺商品价格的暴涨暴跌，这里有商品市场自身的供求因素，但历次金融危机都与这些市场相关的货币价值波动相关。在现代意义上的金融市场兴起之后，我们可以发现每次金融危机都与货币市场和资本市场的价格异常波动相关。在战后构筑的布雷顿森林体系崩溃后，全球金融市场的波动明显加剧，异常波动常常容易滋生市场恐慌，在国际金融体系日益开放和网络技术发达的今天，异常波动的恐慌情绪往往容易引发市场甚至可能是全球金融市场的崩溃，成为金融危机的重要诱发因素。

第四章 金融危机与金融安全

(五) 政府监管失灵

金融市场的自身运行如果建立在参与者都是理性人的假设基础上，金融市场对资源配置的作用以及促进经济增长的功能，是每个政府的政策目标。但是，世界经济的历史证明，周期性的金融危机经验显示，金融市场参与者并非理性人，而非理性的行为只能借助政府监管的力量来进行规范和矫正。但是，政府金融监管部门本身也容易"失灵"。其中的原因除了监管者本身对市场的认知也需要经验外，更重要的是监管者容易出现"内部人效益"，被监管者往往通过各种方式说服监管者，使得双方形成隐蔽的"一致利益行动者"。一般来说，被监管者为了商业利益或投机利益，都会采用各种手段借助政策"漏洞"牟利，监管者即使知道其不合理，但是被监管者和金融市场的发展也是政府的目标，监管者在这两个目标中很难找到一个合理的平衡点，往往容易造成监管失灵。

上述因素在一国经济运行中，形成"经济复苏—经济繁荣—金融危机—金融恐慌—金融体系崩溃"的金融危机传导机制，各国历次金融危机后循环往复至今仍没有停止。这种传导机制在国内各市场间如实物商品市场和金融市场间传递，当各国金融体系开放之后，金融市场之间的跨境资本流动又会加剧在国际之间的传导，加之媒体间的竞争使金融危机的信息不断发酵和被放大，金融危机的后果就不断被放大。

二、金融危机的主要危害

(一) 金融系统的失效

金融危机爆发后，整个国家信用体系必然面临崩溃，首先受到冲击的是银行信贷体系，大量的不良贷款迫使部分银行破产倒闭；金融资产价值体系紊乱，投资者信心的恐慌最终会推动金融市场价格暴跌，甚至出现有价无市，金融市场基本功能停止；政府的利率政策通常在危机之后开始出现短期的无计可施状

139

态，因为即使是负利率政策，在金融危机爆发后也会面临投资者信心崩溃的难题。因此，金融危机的直接后果就是金融体系的功能失效。

（二）社会资源的浪费

金融危机可以理解为金融系统的自我调节，尽管这种调节最终需要"一剂猛药"才能奏效。但是，金融危机发生后对整合社会经济的又一后果是资源的浪费。根据世界各国的经济发展政策经验，任何一个经济系统都存在一个合理的规模，但是我们对这种规模的合理模式很难把握，金融危机本身的不确定性必然导致社会资源的严重浪费，直接减少一国的国民财富，这就是金融危机的直接经济成本，这也是世界各国都不愿意看到金融危机发生的根本原因。

（三）政府信用的降低

金融危机爆发后，无论是金融体系失效还是社会资源浪费，最终都会降低社会公众对政府的信任度。在实物货币制度下，即使在封建社会制度下的金融危机，普通民众对统治者的信任度会降低；在信用货币制度下，货币本身的价值就与政府的信用度相关，所以金融危机的爆发会使政府信用直接受到影响。根据金融危机的历史经验，至少在金融危机爆发初期，政府信用降低会直接导致经济社会体系的混乱。一般来说，政府为了维护信用水平，在金融危机爆发后，只能采取行政的或者政治的手段来维护民众的信用水平。

（四）实体经济危机

实体经济危机一般也是诱发金融危机的因素之一。但是，如果实体经济处于健康状态下，金融危机爆发也会成为实体经济危机的直接推动因素。如果金融危机是外源性因素导致的，如国际资本流动因素或者其他外源因素，金融危机爆发后导致金融体系和要素市场崩溃，这会为实体经济的运行带来灾难。金融危机会导致社会融资和投资体系的功能失灵，投资者信心不足，企业面临资金链断裂，企业倒闭破产，实体经济出现危机。因此，大量的金融危机案例表明，金融危机和经济危机如影相随。

（五）社会动乱与政治危机

经验表明，金融危机后，社会公众的非理性行为也会被放大，这种行为最终可能引发社会动乱和政治危机。在中国历史上的金融危机，基本上与朝代更迭相关，金融危机的直接后果就是百姓起义不断，封建王朝灭亡。在欧洲的金融危机，也出现社会动乱的局面，即便是政府没有更迭，但是最终需要通过镇压的方式来平息金融危机带来的社会动乱。

综合分析，我们从世界各国金融危机的历史进行考察，不仅发现了西方国家金融危机的历史经验与教训，也可以看出中国长期的封建社会时期实际上也经历了金融危机，我们可以得出只要有货币存在的地方，就有可能发生金融危机。人类在演化的过程中，商品交易是一个自我演化的结果，它必然产生货币的历史事实也对金融体系的信用基础提出了严格的要求，但是，无论是政府还是家庭与个人，都面临各自欲望的满足与社会无法供给之间的矛盾，因此政府动用货币工具的力量来实现目标，而个人更多地采用投机和舞弊的方式来实现目标，这样一来，无论多稳定的金融体系都面临发生金融危机的风险，而每次金融危机爆发后，通过付出惨重代价来实现政府的金融体系重建和个人资产再分配再平衡，如此周而复始，成为金融危机演化的一般规律。

第五节　金融危机与金融安全的关系

一、金融危机的内涵

（一）金融危机的概念及特征

金融危机的内涵十分丰富，概括地讲，金融危机就是金融领域内发生的危机。一旦金融危机爆发，包含短期利率、资产价格和厂商偿债能力在内的绝大部分金融指标会出现一次急剧短暂的、超周期的恶化，导致很多金融机构破产。

国际货币基金组织对金融危机的定义为：金融危机指的是社会金融系统中爆发的危机，集中表现为金融系统运行过程中金融资产价格等金融指标在短期内发生的急剧变化的现象，这些指标主要包括货币汇率、短期利率、证券资产价格、房地产价格、金融机构倒闭数目。金融危机使金融系统陷入混乱，丧失分配资产功能，从而导致经济震动和经济危机。

金融危机一旦爆发，会给爆发国和世界其他国家的经济都造成一定程度的冲击，这些影响则体现了金融危机的以下特征。

1. 马太效应

金融危机中的马太效应主要指的是在金融危机爆发后，信用危机产生，人们对国家经济迅速失去信心。金融危机导致的信用危机与经济活动中的其他风险不同，不会只在小范围内产生，而是会随着信用基础的破坏快速扩散。一旦某种情况下出现了一些存款不能及时兑付的现象，客户就会对金融行业的信心产生动摇。越是没有客户去存款，客户越会产生挤兑现象，越是挤兑和存款减少，兑付则越是困难，最终形成马太效应。

2. 连锁效应

在现代化信息技术如此发达的网络时代，全球贸易关系日益密切。资本在各国之间的流动有利于在全球范围内实现资本的优化配置，从而促进参与贸易国家经济的发展。但是同时，经济全球化现象的普及也使得一国经济的发展很容易受到国际环境的影响，金融危机在一国范围内爆发也会导致系统性风险在全球的蔓延速度加快，使得金融危机产生连锁效应。

3. 破坏效应

金融部门是一个国家资源配置机制运转的核心部门，同时金融部门又有很强的负外部性，这使得金融危机一旦发生，不仅会使金融部门直接陷入困境，还会通过传导性对整个国家经济体系的正常运转产生重大的冲击，影响人们的投资预期和投资行为，甚至可能引发经济动荡和国家政治危机。可见，金融危机的影响具有很强的破坏效应。

（二）金融危机的类型

按照金融危机的不同表现形式可以将金融危机分为以下几种类型：货币危机、银行危机、债务危机、资本市场危机。

1. 货币危机

货币危机指的是由货币购买力或者汇兑价值的投机性冲击导致的货币迅速贬值，但是当局者往往为了维护本币币值又迅速地耗尽外汇储备的经济现象。货币危机的典型代表是 1992～1993 年的欧洲货币体危机。

2. 银行危机

银行危机指的是实际或者潜在的银行运行障碍或者违约导致的银行突然中断其负债的内部转换，储户对银行丧失信心从而发生银行挤兑现象，导致银行最终破产或倒闭。为了避免这种现象，政府需要出资支援银行。银行危机的典型代表是20世纪90年代初期，日本和东南亚各国发生的金融危机。

3. 债务危机

债务危机指的是国际借贷领域中大量负债已经超过借款者自身的偿债能力导致无力偿还或者延期偿债现象的产生。例如，1982年墨西哥宣布不能偿还到期债务导致了国家的债务危机。

4. 资本市场危机

资本市场危机主要指的是股票市场的危机，表现为大量抛售股票造成股票指数急剧下降的经济现象。20世纪90年代日本的经济衰退就是首先从股票危机开始的。

二、金融危机的爆发和传导

（一）金融危机爆发的主要原因

1. 金融系统的脆弱性是金融危机的根源

国际清算银行曾指出：无论是发达国家还是发展中国家，其银行体系的衰弱都可能危及本国及世界其他国家金融系统的稳定性，金融行业之所以比其他行业更容易出"故障"，其根源在于金融系统内在的脆弱性。众多西方经济学家都曾对金融系统的脆弱性进行了理论分析，认为金融机构所具有的过度借贷的内在冲动是给整个金融体系的稳定造成重大威胁的主要原因，是造成金融体系内在缺陷的根本所在。同时，金融市场的不确定性和信息不对称导致金融资产价格波动剧烈，积累了大量金融风险，加剧了金融系统的脆弱性。

2. 泡沫经济是现代金融危机酝酿的温床

泡沫经济犹如为经济增长埋下了危机的种子，酝酿着危机，一旦这种泡沫发生大规模的、突发性的破灭，就避免不了引发金融危机。现代泡沫经济的形成符合以下基本规律：出现异常变化→资金过剩→过度发放贷款→资产交易过度、资产价格暴涨→利率上升、回收资金和贷款→资产价格暴跌→金融危机产生。泡沫经济的形成和膨胀的过程像一个链条，只要这个传递链中的任何一个环节出现问题，都有可能使泡沫破裂。膨胀中的泡沫如同一个正在升空的热气球，内部膨胀的热力、外部增加的气压或者一阵风都可能造成它的爆裂。通常情况下，如果一个国家的金融市场实行的是对外开放政策，该国的金融泡沫出现投机性泡沫膨胀特征，就可能导致金融泡沫的崩溃，从而引发金融危机。20世纪90年代泰国金融危机就是典型的泡沫经济破灭的产物。

3. 金融自由化是现代金融危机的催化剂

首先，利率自由化后，商业银行可以通过利率差别来区别风险不同的贷款人，这有助于资源的配置和资金使用效率的提高。但同时，利率自由化也带来了风险冲击，加剧了金融的脆弱性。

其次，合业经营使得金融机构业务范围的限制在很大程度上得到了放松，最常见的合业经营是银行业与证券业的融合，更广泛的还包括保险业和实业。合业经营使资本高度集中，形成某些垄断因素，导致金融业的波动性加大，同时也极易造成泡沫化。

最后，金融创新使大量资金滞留于金融市场。金融创新最直接的结果就是金融衍生产品的产生与飞速发展，金融创新通过加速推动国际资金投机活动而加大了国际金融市场的动荡和风险，形成国际金融市场的脆弱性。

4. 汇率制度是现代金融危机货币投机的攻击目标

在放松资本管制的条件下，盯住汇率制度往往放大了外部冲击的影响，使得投机攻击的货币危机易于得逞，同时爆发"多米诺骨牌式"的传染危机。因此，不当的汇率选择是现代金融危机爆发的重要因素。僵化的汇率制度为投机攻击提供了"靶子"，导致现代金融危机一般率先从货币危机开始。

（二）金融危机扩散的主要原因

1. 金融自由化加剧了金融的脆弱性

金融全球化是经济全球化的有机组成部分。当前，经济全球化随着贸易全球化和生产全球化程度的提高而深化。在现代货币信用经济中，由于金融与贸易、生产间的不可割裂性，当贸易和生产实现全球化以后，金融全球化便具有合乎规律的内在必然性，甚至成为经济全球化进一步发展的核心内容和基本要求。从外部看，20世纪70年代后出现的以微电子和信息技术为主的新一轮技术革命，为金融全球化提供了物质基础和技术条件的支持；与此同时，经济学界的自由化思潮和各国政府放松对外的金融管制，促使并推动了金融全球化的进程。而"二战"后成立的各种国际经济或合作组织通过各种工作和签订如金融服务贸易协议等形式，为金融全球化提供了组织支持和制度保障。因此，金融全球化已成为世界经济发展的必然趋势。

2. 金融全球化加速了危机的扩散过程

金融全球化在许多方面也表现出其反面的和不利的影响，尤其是对金融危机的影响。金融全球化极大地改变了传统经济危机与金融危机的运行方式与状态、传导机制、后果与负面影响，呈现出了以下新特点。

（1）从由"经济危机—金融危机"到"金融危机—经济危机"的改变

在传统上，金融危机大多是首先由经济危机引起的，而从20世纪90年代开始，经济危机一般都是由金融危机引起的。显然，金融与经济的关系发生了历史性的变化，这是经济金融化，金融虚拟化、泡沫化和金融在一定程度上"独立化"运行的表现与反映。

（2）金融危机发源国与危机传导路线发生逆转

在传统上，金融危机一般都是首先发生在某一个或几个发达国家，然后再进一步传导到其他发达国家和发展中国家。而在20世纪90年代以后却发生了历史性的逆转，即金融危机首先发生在某一发展中国家，然后逐步传导到其他发展中国家和发达国家。这一巨大改变表明经济全球化与金融全球化程度的不断加深，各民族、国家与经济体发展稳定的整体性与相互依存性提高；表明发展中国家经济金融绝对与相对实力的提高，以及对全球经济金融的影响力的提高；也表明伴随金融全球化而来的金融"双刃剑"负面影响的增强，发展中国家金融体系与市场脆弱性的增强与实际竞争力的相对弱化，以及金融监管的不健全。

（3）金融危机的传导机制复杂化

在传统上，金融危机从一个国家或地区到另一个国家和地区的传导一般都是由所谓的接触性机制引起的，即伴随着国与国、地区与地区间的贸易与资本流动这些实际的接触活动，危机由一国传导到另一国。而20世纪70年代的一个新现象是与危机国并无多少实质性接触的另一些国家或地区，却随着某一危机国危机的发生而接连地发生危机。例如，东南亚国家发生危机后与东南亚国家并无许多实质性接触的俄罗斯及许多南美国家也先后发生危机，人们仍然用传统的接触性传导机制来解释就难以信服，由此提出了所谓非接触性传导机制，最典型的就是心理预期。当许多人意识到某一尚未发生危机的国家的经济与金融形势，形成危机的主要因素和指标与危机国相同或相近时，他们对某一国即将发生危机的心理预期就会非常强烈，对危机的强烈心理预期使他们不约而同地采取大体相同的风险防范行动，即大量抛售本币、抢购美元、抛售手中的股票与债券，于是货币危机与股灾便接踵而至，大规模的系统性风险便发生了。

（三）金融危机的传导机制

现代金融危机的爆发往往以货币危机为先导，由货币遭受攻击开始，多数国家金融市场从中央银行开始干预到最后放弃干预的过程大致表现为：短期利率大幅度上升以打击投机者持有该国货币的空头部位，提高其冲击成本→金融市场上扬→短期资金利差迅速扩大→套利资本和投机资本流动受到央行严格控制→其他金融市场如证券市场、期货市场同时大幅度动荡→汇率大幅度并不断地波动→央行外汇储备迅速下降→央行最终放弃固定汇率制度，改为浮动的或有管理的汇率制度。而与此同时，又可能伴随着银行危机和资本市场的剧烈动荡，进而演变成全面的金融危机。现代金融危机一般通过国内和国际两种渠道进行传导和扩散。

1. 金融危机的国内传导

（1）从货币危机到资本市场危机

一国金融泡沫破裂后，会使该国货币出现大幅贬值，债务负担大幅增加，企业出现支付困境甚至破产，股市下跌。一方面，货币贬值可能使某些公司因货币贬值而获利；另一方面，贬值能迫使政府痛下决心解决经济结构问题。一旦结构性改革失败，货币币值和证券市场危机就会进一步加剧，直到政府和企业真正严肃、认真地解决金融和财务问题为止。

（2）从货币危机到银行业危机

在通常情况下，由货币危机导致银行危机的途径有两条：第一，国际储备大量流失，迫使该国放弃固定汇率制，如不阻止这种流失，就可能引起贷款的急剧紧缩，非金融企业破产增加，银行不良资产增加，结果就形成银行危机。第二，贬值使得非银行金融机构丧失清偿力，银行的财务状况恶化，增加银行业的风险。

如果中央银行允许国内贷款过度扩张，以直接或隐含地为银行或存款人融资，那么银行危机就可能引发国际收支危机。如果政府通过发行大量内债来挽救并进行融资，那么市场参与者可能会预期当局有通过通货膨胀或货币贬值来减轻债务负担的动机，这就可能导致自我实现式的金融危机。

（3）从货币危机到全面的金融危机

从货币危机引起全面的金融危机主要有三种机制。

第一种机制：货币贬值通过加重外债负担直接恶化公司收支状况。如果债务合约以外币计价，本币贬值时，公司的债务负担加重；如果资产及其收益以本币计价，公司的资产贬值。两者均会导致公司的净值减少，企业的逆向选择和道德风险问题加剧，贷款萎缩，投资和经济活动缩减。

第二种机制：货币贬值通过加重国内债券的利息负担恶化公司收支状况。投机攻击，货币急剧贬值，实际和预期通胀水平大幅上升，利率大幅上涨，公司的债务负担大大增加，收支情况恶化，公司的流动性状况恶化，信息不对称问题加大，贷款和经济活动大幅萎缩。

第三种机制：本币贬值导致银行系统的收支状况恶化，进而导致全面的金融危机，银行以外币计价的债务由于货币的贬值而急剧增加，而银行收支中资产一方贷款方面的损失加大，银行的收支恶化，银行的净值减少。

另外，银行以外币计值的债务的期限很短，其债务价值的大幅增加导致了银行出现流动性问题。银行收支的恶化和弱化的资本基础迫使银行减少贷款。当银行贷款大幅萎缩后，整个经济将面临严重的危机。

2. 金融危机的国际传导

（1）金融危机扩散过程中的示范效应

在金融危机扩散过程中，成功的投机攻击为攻击其他具有类似条件的国家提供了一种示范，投机者必然会对其他类似国家发动攻击。类似国家发生金融危机，货币贬值预期迅速上升；预期一国货币即将贬值时，必然抛售本币，抢购外币，增强投机攻击力量，从而加速了本币贬值。

（2）金融危机扩散过程中的竞争性贬值效应

当前，世界经济、金融趋于全球化，在金融危机冲击下，只要一个国家的货币率先贬值，必然带来其他国家货币的相继贬值。竞争性贬值的原因在于：相关国家货币贬值，一个国家的货币不贬值，其出口将下降，如果没有其他方法来弥补这种出口下降带来的损失，该国的经济福利总水平将下降。因此，每个国家被迫使用的贬值方法将作为政策工具以便减少对国内经济的冲击，同时作为报复手段来抵消其他国家货币贬值的负面影响。

三、金融危机对金融安全的影响

通过对世界各国的金融危机经验进行分析发现，当一国金融体系的开放程度处于不同发展阶段时，这种威胁具有很大的差异，我们需要对不同开放程度的金融体系的金融危机进行分析。如前所述，我们可以关注到中国古代的金融危机一般是在中国内部发生的，当然它的威胁是针对中国当时的内部金融安全。但是，在欧洲大陆的金融危机由于国家数量众多，当时的金融危机一般在国家之间传递，国际金融危机的特征明显，金融危机威胁的是国际的金融安全。

为了对我国金融安全维护有更好的借鉴，下文重点对20世纪70年代以后的金融危机进行单独考察，在此之前的金融危机案例对我国尽管仍有借鉴意义，但在我国作为一个发展中的经济大国，金融体系不断开放，当前面临的国际金融环境更符合20世纪70年代以后的特点。

20世纪70年代，由美国在战后建立的国际金融体系——布雷顿森林体系不堪使命，最终未能维护国际金融市场的安全。在布雷顿森林体系下，美国试图充当世界中央银行的角色，实行"美元与黄金挂钩、其他国家货币与美元挂钩"的"双挂钩"制度，但是由于黄金本身的储量和生产量总是一定的，而美国和世界各国的需求或者说是欲望则是无度的,因此当所有国家都实行信用货币制度时,包括美国在内的所有国家都想降低货币的含金量,从而达到对其他国家或者社会公众财富的一种侵夺,实现自己的私利。所以,当布雷顿森林体系在面对各国政府的私利时,其最终命运只能是崩溃。

当布雷顿森林体系崩溃后,美元也不再与黄金挂钩,其他国家货币当然也不会与黄金挂钩,全球真正进入一个信用货币制度时代,所有国家货币的单位价值只能以国家信用作为价值基础。但是,由于各国信用是一个无法准确度量的价值标的,因此货币价值的波动成为其他金融市场如证券市场和外汇市场的直接推动因素,同时包括其他金融市场如大宗商品市场的价格波动也成为常态。当这些价格波动成为异常波动时,各国金融安全就受到了威胁,或者说,布雷顿森林体系崩溃后,所有国家的金融安全都面临威胁。

从20世纪70年代以后的国际金融危机看,无论是发生在美国等发达国家,还是发生在东南亚发展中国家,金融危机对一国金融安全的威胁主要表现在以下三个方面。

首先,金融危机作为金融体系的极端风险事件,最先冲击的是危机国金融资产定价体系。金融资产的定价体系是实体经济运行的重要支持,甚至是实体经济健康运行的必要条件。金融资产价格的稳定,对于企业部门的成本与收益核算都是重要的保障条件。但是,金融危机发生后,一般都伴随大宗商品价格、货币汇率、房价和股票市场价格等金融资产价格的巨大波动,这就给实体经济的运行带来了巨大的风险。具体来说,从20世纪70年代以后的几次金融危机看,大宗商品如黄金价格主要表现为涨跌剧烈,而汇率、房价和股票市场价格一般表现为暴跌,直接威胁一国投资者的信心,从而冲击实体经济。以东南亚金融危机为例,因为外汇储备不足,泰国于1997年7月2日宣布放弃固定汇率制。当天，泰铢兑美元的汇率下跌17%，随后亚洲外汇及金融市场一片混乱。与泰铢状况类似的菲律宾比索、印度尼西亚盾、马来西亚林吉特、韩元相继贬值。危机爆发后，所有东南亚主要货币在短期内急剧贬值，亚洲大部分国家股票市场暴跌，引发大批外资撤离和国内通货膨胀的巨大压力，极大地冲击了实体经济。

其次，金融危机爆发后，一般会放大金融参与者的非理性行为效应，从而加速金融市场信心的崩溃和泡沫的破裂而威胁金融安全。在前面的分析中，已经分析了投机者的投机狂热和其他金融参与者的舞弊行为，常常会助长市场的非理性和泡沫。同样，在金融危机爆发后，投机行为和舞弊行为在危机的冲击下，也会促使金融市场的波动加大和恐慌情绪的蔓延。在金融危机爆发后，由于信息的不对称，投机者和舞弊者为了自身的安全，常常也会采取非理性行为，如抛售和抢购等，这样就加剧了金融危机的风险放大效应，从而威胁金融安全。

最后，金融危机爆发后，政府债务负担的加重和金融系统功能的紊乱会加剧政府功能的失灵，从而威胁国家金融安全。事实上，每一次金融危机背后的政府债务推动力量是主因。在现行的经济政策模式下，每一届政府在上任后都希望促进经济的繁荣或者保持稳定增长，既是选民的需要也是政府执政形象的需要，因此政府存在扩大信贷和增加财政赤字的内在动力。但是，在金融危机爆发后，政府推动的信贷资产会出现大量的不良资产，债务负担也难以消化，政府常常束手无策，尤其是一些发展中国家，往往需要国际金融援助才能度过危机，国家金融安全面临严重的威胁。

第五章　金融风险防范对策与金融安全保障措施

第一节　深化经济改革与防范资本市场风险对策

一、深化经济体制改革，建立应对风险策略

经济"新常态"条件下，重提经济体制改革，应该有新的经济高度，是新语境下改革深入核心的议题，是全面深化改革的最终体现，与1978年经济体制改革有重大差别。

中国1978年的改革开放，把经济引入了发展轨道，走出了一条不平凡的上升通道。每个平凡的中国人都在改革创造和分享，每个人都在奋斗和追求中塑造自己，人生轨迹都是一条优美的上升曲线；每个普通的中国梦，都在凝练和聚焦中升华，结出了一个并不普通的硕果；每个人都在创造和创业中成就自我，梦想结尾都是一个精彩的感人故事。经历从缺衣少食的开头，到衣食富足的结果，收获了举世瞩目的成就，人民收获了真诚甜美的笑容。欢乐不仅写在国家的脸上，也荡漾在民众的心头；喜悦不仅出现在阅兵的大典上，也升腾在乔迁的新居里。开心的笑脸，表露出心底的喜悦。

然而，经济体制改革停步修正方向的时候，经济运行不可能总是高歌猛进，也有高潮和低谷的周期变化。相反，经济体制改革停滞，经济发展高潮过后，经济增长也会有回落整理的时期，即总体上升过程中的短周期性的低谷。甚至有些时候，为了实现经济的长期发展目标和可持续的高质量高水平增长，主动选择夯实基础的转型整理，有意识扬弃粗放式的发展方式，剔除资源环境破坏式的增长模式，都会影响经济短期前进的步伐。

当经济一旦运行在下行通道，转型调整的阵痛就会像水波一样扩散，企业经营面临的艰难就会把痛感从内向外迁移，不仅直接影响企业职工的幸福感，也间接影响社会零售业的发展；不但会导致经济总体规模上的收缩，也会波及社会家庭的充分就业，甚至抑制城乡居民收入增长。因而，当经济高速发展遇到瓶颈以后，要进一步上层次、有质量地发展，呼唤深层次的经济体制改革，以便应对和解决经济困局，培育经济增长的内生新动力。

第一，围绕发挥市场在资源配置中的决定性作用，推进稳健的经济体制改革。制度改革就是生产力，深化体制改革就有超额红利。从行政上，深化简政放权改革、简化投融资体制改革、放开搞活价格体系改革，都对经济活动具有积极作用。尤其是通过进一步加大价格改革力度，稳步分批放开竞争性商品和服务价格，以价格引导市场发挥决定性作用，以价格破冰为经济注入新的活力。

当前，中国经济虽然面临下行压力，有多重风险困扰经济前进的步伐。随着经济从高速增长转向中高速增长，从规模速度型粗放增长转向质量效率型集约增长，从要素投资驱动转向创新驱动增长，经济活动中将出现许多不可测的新变化，这些渗透在经济驱动力中的巨大变数，不断改变着中国经济的数量和规模，还塑造着中国经济的风险偏好和风险梯度，最终将改变着中国经济的内在结构和品质。通过市场决定作用建立灵敏的价格反应机制，无疑会促进经济体制改革走向成功。

同时，理顺投融资机制，是经济体制改革的要求，也是提升市场效率的关键。前期建设遗留的债务都需要妥善的方式处置，无论是中央财政安排额度置换万亿地方政府债务，把高息短期债置换为低息长期债，减轻地方偿债的压力；

第五章　金融风险防范对策与金融安全保障措施

还是货币政策适度宽松，不断降息降低准备金，压低社会融资利率水平，保持处置债务的有利条件；还是收紧地方政策事权，淡化经济增长数量评价指标，抑制铺摊子上项目的冲动；还是大力促进"互联网+"，拆除运营商高流量费的限制，推动互联网经济的井喷发展；还是加大科技研发水平，提升科技对经济转型贡献度，建设创新型经济的国家。

所有这些对策，既是化解债务风险的方式，也是重塑经济活力的方式，更是经济体制改革必须逾越的一道坎。这有助于平滑经济增速下滑，有助于防止经济增长的阶段性停滞，有助于克服短暂性经济增长率快速下降的局面，有助于缓冲消费者物价指数和生产者物价指数双变的冲击，更有助于消除全世界对中国经济危机的担忧。

第二，围绕提高宏观调控的针对性，推动顶层设计的经济体制改革，深化财税、金融体制改革。概括起来，就是建立积极财政政策、稳健货币政策的改革新格局。

当然，中国经济稳定运行区间和政策定力的空间得天独厚。一方面，政府"看得见"的手在不断发力，不仅降息等货币政策积极作用，向市场传递降低融资成本、支持实体经济的信号，而且降低住房交易税等财政政策也积极作为，释放扶持改善型住房需求的信号起到了平稳市场价值中枢的作用。另一方面，市场"看不见"的手发挥作用，体现市场对资源配置的效用。市场对经济的掌控力更多地体现在调节资金供给，驱动投资行为向价值洼地运行。

第三，围绕增强微观主体活力，推进重点领域的经济体制改革。增强微观主体的活力，深化国企国资、重点行业、非公经济等领域改革，就是改革的主要抓手，赋予微观主体企业创新活力也很重要。

总之，随着经济体制改革的深入，经济的挑战将逐渐化解，经济的活力将显著增长。

二、保障国家经济命脉，构建资本市场战略

要说现代国家的经济命脉，首屈一指当属资本市场无疑。这不仅是由国家的发展战略所决定的，也是由国家所处的经济发展水平所决定的，于是就决定了资本市场战略的内核，也就决定了股票市场的宏观战略。通过推动资本市场的全面开放，通过提升资本市场的效率水平，通过健全资本市场的投融资功能，进一步扩大和发挥资本市场的作用，无疑对促进经济的发展水平颇有益处。当资本市场的价值深刻展现，嵌入并纵深影响经济活动的时候，资本市场就在一定程度上成为经济的活力之源，不仅有效地掌控了国家的经济命脉，而且成为社会财富公平分配的主流渠道。这个时候，贯彻资本市场的战略方针，也就是保持国家经济命脉的畅通无阻；同时，保障资本市场的稳健运行，也就是最大限度地维护经济安全、防范金融风险的国家意志。

解读非常时期的非常政策措施，一定要联系政策推出的紧急经济背景。当前，中国正处在经济转型发展的十字路口，也处在国家战略转型发展的紧要关头，是绝对不能允许经济出现任何大的波折和失败的，更不能允许打着市场化的旗号过分束缚政策手脚，听之任之资本市场产生失控性的崩溃。务必要知道，资本市场通过资金纽带直接连接实体经济的兴衰，不是推动实体经济的发展，就是拖实体经济发展的后腿，这取决于资本市场的能量发挥，是产生正向或反向的效应。如果资本市场健康运行有保障，就能持续为经济发展输血。反之，如果资本市场暴跌崩溃，就势必拖累经济滑入泥坑。而且，资本市场通过融资通道，还联系着千家万户的幸福，如果资本市场波动有序，就能扩大居民资本收益，促进消费合理提升。反之，如果资本市场连续暴跌，居民资产灰飞烟灭，整个中产阶层死亡或消失，经济将陷入万劫不复的境地。

第五章　金融风险防范对策与金融安全保障措施

任何一个负责任的政府都应该是人民财富的守护者，在异常紧要危急的关头，都必须义不容辞地肩负重任。当然，这个时候政策只能从拯救危机的紧迫性出发，以快刀斩乱麻的决断和决绝终止危局，有效管理和控制市场的非理性，化解由暴跌导致的恐慌性情绪，拯救资本市场飞流直下的危机，防范危险迅速溢出资本市场的堤坝而蔓延破坏，防止危险的破坏性向人民财富的巨大侵蚀而酿成悲剧，进而严防死守危险把冲击作用向金融体系的超警戒传导，最后切实化解威胁和危害国家经济稳健运行的窒息性休克恶果。

所以说，确立资本市场战略是国家经济的命脉，确保资本市场稳健运行是经济实现自我救赎的关键。从国家层面启动救市的危机应对策略，并辅以国家意志果断强力推行，不仅是因为股市暴跌、财富蒸发的社会压力使然，更是因为国家经济不能承受危机破坏、社会转型不能半途而废使然，是国家创新实力不能缺乏血液、百姓创业不能离不开资本投入使然。总而言之，资本市场成为经济命脉，对新经济形态的培育起着强大的输血作用。为此，调整资本市场从监管到发展的各种理念是很有必要的。

第一，树立资本市场发展的国际化视野。提升中国对外开放的水平，推动中国经济高质量地走向世界，需要有一个与之相匹配的强大的资本市场。只有增强了中国资本市场的实力，支持了最有活力和创造力的企业发展为世界有影响力的上市公司，才能建立中国资本市场的全球话语权，创造和世界经济体形成平等交流和沟通的氛围。这就需要重新审视资本市场的发展定位，从破除限制的内部战略向创造中国智慧的外部战略升级，实现资本市场开放战略由量到质的升级意义，进一步切合国家战略走国际化路线进行升级的路径选择。

第二，建立资本市场危机应对的快速反应机制。随着股指期货交易品种的日益齐全和丰富，资本市场的运行正在发生着深刻变革。不仅有现货市场在经济危机之后的冲击波动，也有股指期货遭受恶意压制的冲击波动，甚至两者相互缠绕冲击叠加后对市场产生的危机强化叠加效应，不仅左右和影响市场动荡，而且一旦最佳时机应对适当，其形成的摧毁性破坏力将破坏市场中脆弱的再平衡。作为经济格局中的一个活跃因素，中国经济在利用资本市场优势的同时，一定不要忘记资本市场的风险因素，疏导、防范、化解甚至干预危机，对资本市场体系的稳定和重构意义重大，也凸显了应对危机快速反应机制的"定海神针"般的地位。

第三，尊重和保护投资者的资产安全。中国投资者的投资主体地位、市场投资能力水平正在显著地上升。这种投资者素质的实质变化，不仅提升了资本市场的效率，也促进了中国经济的效率革命。公募基金的稳定发展，私募基金的飞速发展，高知识群体进入市场，都在一定程度上缩小了中国资本市场和国际市场的差距，弥补了中国经济发展和世界经济运行的紧密性，促使中国资本市场在世界经济新格局舞台上的吸引力显著提高。这种关联关系产生了崭新的特点和全新的变化，国家战略有必要紧紧跟随时代发展的脚步，重新定位以便适应发展变化了的客观实际，任何时候都明确投资者的资产财富也是社会财富的有效组成部分，都需要依法全面保护其财富的安全，不能允许任何人以任何方式窃取和剥夺。

三、维护宏观经济秩序，引导市场回归常态

2015年，中国资本市场遭受严重冲击，股市突然暴跌，市值蒸发了数万亿人民币，不仅严重延缓了中国经济转型的步伐，也深度冲击了中国资本市场的发展。这是因为资本市场规模已经比肩GDP总量，推进混合所有制改革离不开强大的资本市场，资产证券化最终要靠市场来实现；这也是因为资本市场已经融合技术革命，建设创新型国家、完成技术革命，也需要活跃的资本市场

第五章　金融风险防范对策与金融安全保障措施

筹集资金。这次资本市场危机，对毫无防范的投资者影响较大，好在市场自身的弹性发挥了作用，固然投资资金缩水严重，但市场的精神内核得到了有效保护，这就为资本市场恢复往日的"元气"提供了可能，只需要发挥"市场的调节之手"，引导市场逐渐恢复资本的魅力，市场就能回到稳健运行的常态轨道上。

当然，推进资本市场危机后重建需要痛定思痛，重新认识资本市场逻辑，重新定位市场二度重构的发力点。建设多层次的资本市场首先要建立风险防范的多层次机制，提高应对风险的监管能力和水平，一定要在"黄金救援时间""快、准、狠"救市，以便防止危机进一步快速蔓延。

客观地说，这次"非常时期"的救市行动比较及时，相对迟滞了市场非理性的交易行为，有效地迟缓了恐慌性情绪的蔓延扩展，初步达到了政策救市的初级目标，确保股票市场不发生系统性的崩溃事件，进而维护了国家金融系统的安全运行，也为广大投资者财富保护划定了底线。

通过对2015年股票市场危机的研究分析，对我国政府维护宏观经济秩序，引导市场回归常态具有以下启示。

第一，市场管理理念的变革。救市政策不能是简单部门利益的体现，而应该是市场整体的管控追求，这就需要一个强大的顶层协调机构：其一，树立资本市场稳健发展的全局观念，以资本市场为核心重构监管框架。其二，提升市场的监管水平，重在预见危机的事前监管措施。其三，确保市场的监管效用，重在防范突破底线的危机冲击。其四，设立顶层协调机构，发挥各部门救市的综合优势。

第二，市场保障机制的调整。多层次资本市场的格局形成，防范危机事件的扰动，疏导、化解甚至干预危机，调整市场保障机制很有必要：首先，建立资本市场危机预警机制，识别异常交易事件的苗头。在各大交易所设立大数据监测分析团队，及时发现异常交易数据和信息。其次，建立危机应对的快速反应机制，一要管理部门之间信息共享，二要管理措施高效贯彻执行。再次，危机初期出手干预市场，要敢于排除干扰用"重典"，不能坐等危机酿成大祸给管理增加难度。最后，必要的时候，以最高级别协调会议进行危机管理。

第三，高效救市的逻辑思路。要重新认识资本市场的风险，看待资本市场的博弈特征，在资本市场已经爆发危机时，救市一定要有通晓市场金融的行家全程参与决策：一是救市就是要确立高标准救市的主导原则。一旦确认市场危机要救市，就要第一时间提高救市级别，把救市工作做扎实做彻底，不能像"隔靴搔痒"般救市力度不足，等已经酿成大祸后再提高级别紧急救市，不仅贻误救市时机而且增加救市成本。二是救市就是要确立"虚实结合"的主导方针。首先，救市政策要有坚定的信心，市场才能重振信心。救市就是要先挽救市场的信心，只有市场信心逐步恢复了，恐慌情绪才能逐渐瓦解，市场的交易行为才能逐渐回到正轨。其次，救市政策要能落到实处，也就是说救市要提供充裕的流动性资金。三是在救市资金的使用上，尽量不要从券商等市场主体筹集，而是以国家注资的形式提供，创造救市主体没有经济压力的宽松救市气氛。四是在微观救市策略上，要坚持"两条腿走路"，做好"两手准备"。一方面，既要稳定蓝筹股，借以扭转指数下跌的趋势；另一方面，也要推动成长股涨升，借以创造赚钱效应。

第四，尊重和保护投资者资产安全。中国资本市场的效率和发展依赖于投资者的积极参与。救市要为市场保留"火种"，保护投资者的资产财富：一是建立投资者和上市公司有效沟通的渠道，压缩恶意做空行为的空间。二是建立投资保护机制，不能任意宰割投资者。三是要建立公平合理的投资利益分享机制，构建市场整体性的风险抵御基石。四是合法融资，强制平仓管理，要考虑市场和券商的实际情况，不能简单地僵化教条执行。

四、迎接世界变局考验，重塑资本市场活力

国际经济金融形势发生的新变化，会对中国经济产生深远的影响。因地制宜、因时而变地谋划对策，亦将是中国经济趋利避害的首选。

中国经济需要及时调整政策，来应对和规避世界经济变动的风险。特别是2015年以来，国内经济遭受罕见的资本市场剧烈波动的影响。国际经济金融市场动荡，不断遭受突发事件的连续冲击，呈现出激烈波动的不稳定态势，极大地影响到中国经济的稳健发展，促使整个金融行业都在面临风险的巨大威胁，这不仅是在考验中国经济的基础和实力，也是在检验金融政策的应变能力和处置水平。

世界经济环境产生了新变化，中国经济被动地受到波及。针对这种突发情况，我们应该早研究，早预防，集思广益、群策群力，从被动地应对转向主动地引导。

我们应该就此进行专题研究，不仅考虑自己的现实问题，研究中国经济如何突破转型困局、保持正确发展方向的内部问题，还应该考虑外部施加的棘手问题，研究中国经济如何突破世界经济危局、摆脱外在困扰加速开放的外在矛盾。

在这种关键时刻，抓住世界经济的矛盾点，扩大凝聚共识的基础，增强发展经济的信心，高瞻远瞩地确定经济发展的定力，沿着和平发展的经济道路走下去，中国经济发展前景一定会更加光明，从而保持经济平稳健康发展。

中国经济具有强大韧性，是在迎接挑战中前进的，是在经受考验中发展的，是在克服困难中进步的，体现了经济管理者高超的智慧，也凝聚了决策者的胆识。

我国经济需要及时调整政策，来应对世界经济变动的风险。面对跨太平洋伙伴关系协定（TPP）的潜在影响，固然我们有"一带一路"倡议能在很大程度上抵消负面影响，但只有积极作为才能赢得主动。

国际经济基本面趋于的新变化，已经不单单是国际经济协作机制的矛盾问题，更是国际经济运行走向不确定性的增加，且这种不确定性不是来源于经济本身，而是来源于优势国家的私心私利，这些主要经济体基于自身利益的最大化追求，从利益诱惑角度出发，凭借自身强大的经济军事实力组建同盟。这些新变化产生了诸多不可预测的超预期溢出效应，如果扩散到世界上就会形成新的不确定性之源，会给中国经济增添巨大的不确定性，深刻地影响中国经济运行的态势，有可能长远地影响中国经济的走向，使中国面临更加复杂的全球经济背景，也迫使经济政策不得不调整方向，以便能更有余力地防范可能出现的风险。

不论我国经济发展到任何时候，不论经济转型遭受何种考验，不论世界经济发生什么变局，中国经济都不能动摇已经选择的经济转型之路，也都不能轻易放弃创新发展之路。在国际经济金融变数的大考验面前，始终要明白解决问题的根源在于自己，保持阵脚不乱的基石在国内，只要我国能维持经济发展的活力和生机，只要能激发国内巨大的消费潜能，就能弥补外贸和出口短时间的缺口，只要中国经济还有赚钱的吸引力，就能留住全世界的投资资本，只要坚定不移地守住不发生金融风险的底线，就能夯实经济发展的基础，推动经济走出危机的沼泽地，从而迎接挑战、主动作为、内强筋骨、继续开放，经济困境就能突出重围，就能适应国际经济金融新环境，也是化解不利为有利的前提条件。这里主要包括两个方面的要点。

一方面，创建更加宽松的大众创新、万众创业的激励氛围，为经济增长提供更具动能的潜力。传统经济依然在下行,给经济施加的压力有增无减,而出口面临的压力必然将上升,短期内很难迅速扭转趋势,显然需要果断采取措施稳定经济预期,包括缓解传统经济已有的压力,更重要的是培育经济爆发增长的力量,为经济结构调整创造有利氛围,而这关键的经济领域必须蕴藏巨大的潜力,具有极强的推动经济增长的效率,才能带动经济由点到面的迅速增长。

当前,中国处在知识经济时代,创新是一切发展的直接动力,大众创新、万众创业恰好提供了这种爆发式经济增长潜力,能填补过剩产能退出造成的发展真空,而"创新带来生机,创新产生动力"正是经济活力的来源,只有通过改革创新才能激发发展潜力,增强增长动力,培育新的核心竞争力,才能形成承受"三期叠加"减速压力的"缓冲垫",才能形成承受着国际市场经济动荡压力的"回旋带",才能化解相互交织缠绕、风险逐渐显现的经济矛盾。

另一方面,必须重新审视资本市场对培育经济创新能力的价值,必须重新审视资本市场对应对国际经济金融风险的积极作用。特别是我国股票市场以个人投资者为主,吸纳了大多数城市家庭的居民财富,资本市场的涨跌不但牵动着千家万户的资产增值,也关联着融资企业产品直接消费的命脉,股票市场剧烈的非正常波动不仅使投资者财富大幅度巨变,也严重影响到了居民可消费能力的释放,更间接地严重影响了上市企业产品的销售,这自然使得资本市场的巨大影响力显现,股市投资者的财富增长切实成了发展消费经济的基础,再也不能损害资本市场的投资者的财富,以及伤害资本市场本身而打击城乡居民消费能力的发挥,给经济走扩大消费的道路制造不必要的麻烦。

所以,发挥资本市场的作用也是增强经济内生动力的手段,保持股票市场稳定的赚钱效应更是发挥消费经济的手段,这还是消解压力、破题选择的关键手段。只要经济有活力,就是消解压力的好手段。

五、资本市场的风险防范

（一）资本市场风险

1. 股票市场风险

（1）系统性风险

系统性风险又称市场风险，也称不可分散风险，是指由于某种因素的影响和变化，股市上所有股票价格下跌，从而给股票持有人带来损失的可能性。系统性风险主要是由政治、经济及社会环境等宏观因素造成的，投资人无法通过多样化的投资组合来化解的风险。系统性风险主要有以下几类。

①政策风险。经济政策和管理措施可能会造成股票收益的损失，这在新兴股市中表现得尤为突出。如财税政策的变化可以影响到公司的利润，股市的交易政策变化也可以直接影响到股票的价格。此外，还有一些看似无关的政策，如房改政策，也可能会影响到股票市场的资金供求关系。

②利率风险。在股票市场上，股票的交易价格是按市场价格进行的，而不是按其票面价值进行交易的。市场价格的变化也随时受市场利率水平的影响。当利率向上调整时，股票的相对投资价值将会下降，从而导致整个股价下滑。

③购买力风险。物价的变化导致资金实际购买力的不确定性，称为购买力风险，或通货膨胀风险。一般理论认为，轻微通货膨胀会刺激投资需求的增长，从而带动股市的活跃；当通货膨胀超过一定比例时，由于未来的投资回报将大幅贬值，货币的购买力下降，也就是投资的实际收益下降，将给投资人带来损失的可能。

④市场风险。市场风险是股票投资活动中最普遍、最常见的风险，是由股票价格的涨落直接引起的。尤其在新兴市场上，造成股市波动的因素更为复杂，价格波动大，市场风险也大。

（2）非系统性风险

非系统性风险一般是指对某一只个股或某一类股票产生影响的不确定因素。例如，上市公司的经营管理、财务状况、市场销售、重大投资等因素，它们的变化都会对公司的股价产生影响。此类风险主要影响某一种股票，与市场的其他股票没有直接联系。非系统性风险主要有以下几类。

①经营风险。经营风险主要指上市公司经营不景气，甚至破产、倒闭而给投资者带来的损失。上市公司经营、生产和投资活动的变化，导致公司盈利的变动，从而造成投资者本金收益的减少或损失。例如，经济周期或商业营业周期的变化对上市公司收益的影响，竞争对手的变化对上市公司经营的影响，上市公司自身的管理和决策水平等都可能会导致经营风险，如投资者购买垃圾股或低价股就可能承担上市公司的退市风险。

②财务风险。财务风险是指公司因筹措资金而产生的风险，即公司可能丧失偿债能力的风险。公司财务结构的不合理往往会给公司造成财务风险。公司的财务风险主要表现为：无力偿还到期的债务，利率变动风险，再筹资风险。影响财务风险的主要因素有资本负债比率、资产与负债的期限、债务结构等。一般来说，公司的资本负债比率越高，债务结构越不合理，其财务风险越大。

③信用风险。信用风险也称违约风险，指不能按时向股票持有人支付本息而给投资者造成损失的可能性。此类风险主要针对债券投资品种，对于股票只有在公司破产的情况下才会出现。造成违约风险的直接原因是公司财务状况不好，最严重的是公司破产。国内股票市场的信用风险还表现在上市公司信用危机和投资者信心危机两个方面，信用危机和投资者信心危机分别是由上市公司股权结构不合理和股票市场自身结构的不健全所造成的。

④道德风险。道德风险主要指上市公司管理者的不道德行为给公司股东带

来损失的可能性。上市公司的股东与管理者之间是一种委托代理关系，由于管理者与股东追求的目标不一定相同，尤其在双方信息不对称的情况下，管理者的行为可能会造成对股东利益的损害。

2. 债券市场风险

尽管债券比股票要安全，但债券投资仍然是有风险的。债券的风险主要有利率风险、通货膨胀风险、信用风险、提前偿还风险、流动性风险、汇率风险等，其中最主要的是前三种风险。

（1）利率风险

利率风险是指市场利率的变化导致债券价格和投资收益率发生不确定性变化的风险，是债券的最主要风险。由于大多数债券的票面利率是固定不变的，因此债券市场价格与市场利率是反向变动的：当市场利率上升时，债券的市场价格和实际投资回报率都会下降。在实际投资中，通常使用久期来衡量债券的利率风险。久期是以未来时间发生的现金流，按照目前的收益率折现成现值，再用每笔现值乘以其距离债券到期日的年限总和，然后以这个总和除以债券目前的价格得到的数值。投资者可以不通过久期，而是通过债券期限的长短粗略地判断债券利率风险的大小。在利率变动幅度相同的情况下，长期债券受到的影响一般要比短期债券受到的影响大得多，即长期债券的利率风险要大于短期债券的利率风险。故当预计到利率可能上升时，投资者应避免投资于长期债券，而应当不购买债券或购买短期债券；当预计到利率可能下降时，投资者应当购买长期债券。

（2）通货膨胀风险

通货膨胀风险又叫购买力风险，指由于通货膨胀、货币贬值的发生而使债券持有人投资收益的实际购买力下降的风险。通货膨胀期间，投资者实际投资收益率是债券票面利率扣除通货膨胀率。如投资者购买了票面利率为10%的债券，而当年的通货膨胀率为5%，则该债券的实际收益率只有5%。类似的债券中，长期债券要比短期债券的通货膨胀风险大很多。

（3）信用风险

信用风险是指债券发行人由于各种原因无法按时支付债券利息或偿还本金，从而给债券投资者带来损失的风险。信用风险主要与发行人有关，不同发行人发行的债券信用风险不同。国债没有信用风险，地方政府债券、金融债券和企业债券风险较小，公司债券的信用风险最大。一般来讲，公开发行的债券都要进行信用评级。一些国际知名的评级公司的评级结果是投资者在选择债券时值得参考的。

（4）提前偿还风险

一些债券在发行时规定了发行人可提前收回债券的条款，这就有可能发生债券在一个不利于债权人的时刻被债务人收回的风险。市场利率一旦低于债券利率时，收回债券对发行公司有利，这种状况使债券持有人面临着不对称风险，也即在债券价格下降时承担了利率升高的所有负担，但在利率降低、债券价格升高时却没能享受到价格升高的好处。

（5）流动性风险

债券的流动性是指其变现能力。当投资者需要货币，需将手中持有的债券转让出去时，其可能面临流动性风险。

（6）汇率风险

当债券的本金或利息的支付币种是外国货币时，投资者就会面临汇率变动的风险。这种由于汇率变动引起的风险称为汇率风险。在上述这些风险中，一些属于系统性风险，如利率风险、通货膨胀风险等，一些属于非系统性风险，如违约风险、流动性风险。所谓系统性风险,是指由于全局性的共同因素引起的投资收益的可能变动,这种因素以同样的方式对所有证券收益产生影响;非系统性风险则是指由某一特殊因素引起,只对个别或少数证券的收益产生影响。在进行证券投资时,对系统风险的防范,就要针对不同的风险类别采取相应的防范措施,最大限度地避免风险对债券产生的不利影响;对非系统性风险的防范,最主要的是通过投资分散化来降低风险。

(二)资本市场风险防范对策

1. 股票市场的风险防范

面对股票市场的风险,不同的市场主体投资者、证券公司和市场监管者从各自的角度提出相应的风险防范措施。

(1)投资者的风险防范

投资者的风险防范的重要措施就是分散投资。在投资中有一个很重要的理论:"不要把所有的鸡蛋放进一个篮子。"这句话道出了分散风险的哲理。办法之一是"分散投资资金单位"。通过选出几种股票进行组合投资,在一段时期内组合的股票有涨有跌,可以有效降低风险,防止只投一只股票所承受的巨大风险。办法之二是"行业选择分散"。证券投资,尤其是股票投资不仅要对不同的公司分散投资,而且这些不同的公司也不宜都是同行业的或相邻行业的,最好是有一部分或都是不同行业的,因为共同的经济环境会对同行业的企业和相邻行业的企业带来相同的影响,如果投资选择的是同行业或相邻行业的不同企业,也达不到分散风险的目的。只有不同行业、不相关的企业才有可能此损彼益,从而有效地分散风险。办法之三是"时间分散"。就股票而言,只要股份公司盈利,股票持有人就会定期收到公司发放的股息与红利,一般临近发息前夕,股市得知公司的派息数后,相应的股票价格会有明显的变动。短期投资宜在发息日之前大批购入该股票，在获得股息和其他好处后，再将所持股票转手；而长期投资者则不宜在这期间购买该股票。因而，证券投资者应根据投资的不同目的而分散自己的投资时间，以将风险分散在不同阶段上。

（2）证券公司的风险防范

从世界范围内来看，证券公司的主要风险防范措施如下。

①规模经营。规模经营是防范风险的一个有效途径。

②保证资产的流动性。一般大型证券公司的资产主要有现金、等价现金、证券、抵押性短期融资协议、应收项目和监管储备现金等，具有良好的流动性。投资的高流动性为公司融资及资产管理提供了很大的便利和灵活性。因为证券经营机构的主要业务是客户的流动交易性强，资产周转率较高。

③用衍生产品规避风险。证券经营机构积极利用自身优势对商品、利率、期货、股票、指数、合约规定等进行各种组织、分解、开发和使用各种非常复杂的衍生产品满足客户的不同需求。证券经营机构同时还利用这些衍生产品进行套期保值、规避风险、优化资产负债管理。买空、卖空股指期货进行对冲套期保值是股票市场控制系统性风险最常用的一种方式。随着股指期货交易规模迅速扩大，交易品种不断增加，目前股指期货已成为所有金融期货中的第一大品种。

④资产结构控制措施。证券经营机构的资产结构主要由资产构成中各要素的比例，如资产与负债结构和股本结构、流动资产与固定资产结构、长期负债与短期负债结构等构成。投资银行根据公司各业务和产品的市场机会、自收益率、市场风险、资产流动性、评级机构的评级标准及公司的长远战略配置资产，形成合理的资产结构。

⑤券商保险制度。券商保险制度是指通过建立全国性券商保险机构及保险

基金，防止由于缺少经营竞争或利益之间的相互兼并而对客户造成损害，从而保障整个证券市场健康发展。世界许多国家或地区都建立了券商保险制度，并取得了良好的效果。

（3）市场监管者的风险防范

市场监管者可以采取法律、经济、行政、自律管理四种风险防范手段。

①法律手段。市场监管者运用经济立法和司法来管理股票市场，即通过法律规范来约束股票市场行为，以法律形式维护股票市场良好的运行秩序。法律手段约束力强，是股票市场监管的基础手段。各国的法律对股票市场的各个方面均有详尽的规定，以使市场各方以法律为准绳规范自身行为。

②经济手段。政府以管理和调控股票市场为主要目的，采用利率政策、公开市场业务、税收政策等经济手段间接调控股票市场运行和参与主体的行为。例如，中央银行通过调节存款准备金率、再贴现率、公开市场业务等手段调节和稳定股票市场价格，政府通过财政政策和外贸政策影响汇率等。这些手段相对比较灵活，但调节过程可能较慢，存在时滞。

③行政手段。依靠国家行政机关系统，通过命令、指令、规定、条例等对证券市场进行直接的干预和管理。与经济手段相比，运用行政手段对股票市场的监管具有强制性和直接性的特点。行政手段存在于任何国家的股票市场的监管历史之中，一般地，在市场发育的早期使用行政方法管理较多，而在成熟阶段用得较少。这是由于股票市场发展的早期往往法律手段不健全而经济手段效率低下造成监管不足的局面，故需要行政手段作为补充。

④自律管理。自律管理即自我约束、自我管理，通过自愿方式以行业协会的形式组成管理机构，制定共同遵守的行为规则和管理规章，以约束会员的经营行为。股票市场交易的高度专业化、从业人员之间的利益相关性与股票市场

运作本身的庞杂性决定了对自律监管的客观需要。但政府监管与自律监管之间存在主从关系，自律监管是政府监管的有效补充，自律管理机构本身也是政府监管框架中的一个监管对象。

2. 债券市场的风险防范

从国际市场来看，一系列信用危机的发生为全球金融市场的参与者提出了巨大的挑战，如何管理信用风险，完善风险分担机制，降低系统性风险，提高金融市场效率，促进多层次金融市场稳定协调发展，创新信用风险管理工具等问题，重新得到重视。应该说，近年来债券市场作为国内金融市场的主要组成部分以及直接融资的重要渠道，对金融稳定与经济发展发挥了重要作用，今后有必要从以下层面不断完善，以促进多层次资本市场体系及金融稳步发展的进程。

（1）进一步完善风险管理制度框架和市场基础设施建设

要在包括市场化的发行定价机制、信用风险管理、投资者保护机制、偿债风险准备金、信用评级及信用增信、估值、做市商制度、第三方担保、信息披露等不同层面进行完善。一个合理有效的发行价格应反映真实的市场资金供求关系，也会对二级市场起到一个信号作用，避免因为明显偏离市场收益率水平而造成市场的大幅度波动。国际金融危机由房地产市场波及信贷市场和债券市场，进而席卷全球金融市场，充分说明完善的定价机制对整个金融市场稳定发展的作用。如何平衡筹资人和投资人的利益目标，是债券能否成功发行的关键，因此要结合债券具体的风险程度、收益大小，通过市场决定一个使筹资者和投资者都能接受的条件，充分体现信用风险、流动性风险和利率风险。监管层面、投资层面、市场层面、法律层面等还需在实践中不断探索，着力推进信用债定价的市场化改革，加快利率市场化进程，完善信息披露，以增加市场透明度并降低市场风险。

（2）通过债券条款设计及偿债基金完善投资者保护机制

在美国，在债券条款设计方面，为保护债券持有人的权利，债券契约对发行人规定了一些限制措施，如抵押品、偿债基金、股息政策和继续借贷等。债权人可在债券条款中约定，债务人在从事高风险业务时必须征得债权人同意，以避免偿债风险的增加。从国际金融市场来看，私募债券一般含有保护条款，借鉴国际经验，偿债保障条款作为事前防范机制，主要目的在于维持发行人的风险水平，并给予投资人在发行人信用状况发生重大改变时以退出选择权。

（3）完善市场约束和信息披露机制

随着信用债市场的发展，应逐步建立信用产品的市场约束机制，发行人、投资者、承销商、中介机构等各方利益互相制约，形成合力，充分发挥信息披露和信用评级等市场化的约束激励机制。承销商和投资人需要对发行人进行定期与不定期的跟踪、检查，及时了解发行人的经营状况、资金使用情况、反担保情况、是否有重大变动事项等，保证发行人按时还本付息。同时，完善信息披露制度，建立对发行人的经营状况、财务状况、偿债能力的反馈跟进机制。在风险控制措施方面，建议债券承销商在承销过程中严格业务核查，发行人按照发行契约进行信息披露，承担相应的信息披露责任。

（4）信用增进是信用风险管理市场基础设施的重要层面

国际经验表明，信用增进作为债券市场不可或缺的制度安排，在分散、分担市场风险的同时，还为信用等级较低的企业进入债券市场提供了可能，有利于支持中小企业通过债券市场融资，推动多层次金融市场体系的建立。

（5）提升机构投资者的风险管理能力

国际经验表明，机构投资者的发展有利于多层次金融市场的建立，活跃市场的交易，并且有助于金融资产的准确定价及风险对冲。近年来，债券市场的机构投资者在不断丰富和完善。中国人民银行于 2016 年 5 月 6 日发布的 8 号文件，宣布放宽境内合格机构投资者进入银行间债券市场的限制。应该说放宽资金入市，有助于提振债市。而简化机构入市程序或可减少一些资管产品借通道进入的情况，便于系统监管和防范风险。随着近年来债券市场投资者层次的不断丰富，城商行、农商行等中小金融机构也逐渐成为信用债市场的重要力量，在信用风险事件多发的背景下无疑对这些机构投资者风险管理水平提出了更高的要求。可考虑充分发挥相关专业机构的作用，面向债券市场投资者提供一揽子金融服务，通过不同的风险管理工具满足投资者的需求，促进债券市场的稳步发展。

（6）完善监管的部际协调机制

从监管协调机制来看，经过多年的发展，目前我国信用债市场形成了非金融企业债务融资工具、企业债、公司债等品种，分别由中国人民银行、国家发展和改革委员会、中国证券监督管理委员会监管。由于多头监管与交易场所的分割，债券发行审核、信用评级及上市流通，相应的监管标准不尽相同，也容易产生监管的漏洞和盲区。特别是在大资产管理的背景下，金融机构的综合化经营成为主流，交叉监管也面临很多挑战。穆迪公司在 2016 年 4 月底发布的一份报告中称，中国整体杠杆率上升，影子银行扩张速度快。影子银行游离于银行监管体系之外，很可能会引发诸如期限错配、流动性转换、信用转换和高杠杆等方面的系统性风险及监管套利等问题。应推动统一协调的债券监管体系，增强监管效能，不断完善企业债券市场的监管机制。

（7）完善信用衍生品的工具组合和风险对冲机制

未来应考虑推出信用衍生品以对冲相应风险。信用衍生品能够在金融危机期间满足债券市场的需求，并使银行等金融机构在危机中得到保护。随着信用产品市场的不断发展，信用衍生品在投资人债券组合中的占比不断提高，应逐步推出标准化的信用衍生工具及相关的交易指引，包括平抑对冲信用风险的工具——信用违约互换和信用联结票据，建设相应的报价系统、清算系统和信用衍生工具信息平台，逐步完善定价机制和风险披露制度，逐步建立从交易到组合的信用风险管理体系至关重要。

（8）完善债券市场风险预警机制

后金融危机时代，合理的政府债务规模和风险管理策略对于政府积极面对经济和金融危机的冲击，促进金融市场及汇率的稳定乃至经济的快速复苏至关重要。美国次贷危机、爱尔兰债务危机、欧债危机都充分说明，完善债券市场风险管理，增加市场稳健性的政策措施十分重要。包括建立债务风险预警机制；完善发行定价机制，建立信用风险、流动性风险、利率风险的定价机制与风险控制机制，推进利率市场化的进程；不断培育机构投资者，完善做市商制度，提高市场的流动性，以有效降低筹资成本，缓冲全球经济冲击的影响。这些措施都将有助于增强市场的稳定性，而适当的法规框架和市场设施是前提条件。

（9）逐步发挥中介机构的独立性和客观性

中介机构包括信用评级机构、审计机构、会计师事务所、律师事务所、第三方评估机构等，充分发挥这些机构的独立性和客观性，对信用风险和法律风险进行深度分析。建议逐步完善债券市场的评级制度，信用评级机构须对发行人进行跟踪评级，对其最新经营发展状况给予关注并及时披露，为市场提供有效的信息工具、定价基准，以及对风险进行及时披露等。

第二节 把脉宏观经济政策与预测预判金融市场风险

一、我国宏观经济趋势及政策建议

未来几年，我国经济将继续保持健康快速发展，并将成功跨入下一个发展周期。在国际经济环境日趋复杂的大背景下，即便有着巨大的挑战，但我国还是能够有效地维持经济稳定和推动中国特色管理改革的稳定发展。

首先，我国经济平稳增长可以得到保障。未来几年，我国经济将会实现中高速发展，会对经济风险进行更好的防控，投资和消费继续保持增长势头。值得注意的是，近几年，技术型制造业飞速发展，形成较强的技术型制造业集群，包括信息技术、无人机技术、物联网技术等，其新兴产业在经济增长中发挥着重要作用，成为新的增长点。

其次，金融稳定性得到稳固。未来几年，银行贷款将稳定增长，金融监管将更加严格，金融风险将得到有效防控，利率管控力度将得以加强，央行工具的公平性可以得到提升，保证金融市场稳定方针更加扎实，推进金融创新和国际化。

再次，结构性改革将继续深入推进，市场化、法治化、国际化将成为推动政策改革的关键要素。同时，中国将继续加快改革发展，深化政府机构改革，深化财税改革，支持创新发展，强化社会管理，科学推进综合治理，不断提升政策框架的完整性和灵活性，发展转型升级的经济新格局。

此外，为了进一步推动经济稳定，中国将持续加快城乡建设，重点完善基础设施，加大就业安居补贴，加快培育儒家文化，并将积极参与全球治理，积极应对全球变化，最大限度地维护好中国的发展利益。

二、金融市场现状分析

近年来，随着我国社会经济的快速发展，金融市场规模不断扩大，但我国的金融市场起步较晚，发展时间短，目前尚不够成熟。金融市场的影响因素众多，如进出口贸易的变化、国际上的经济危机造成的影响、金融产品的变化及金融产品交易方式的转变等，这些都会对金融市场造成一定的影响，导致金融压力不断上升。我国金融市场压力指数不断变化，金融压力的增加必然会导致金融市场风险增加，包括市场风险、利率风险等，这些风险又容易造成更大的损失。要想有效规避风险，就需要做好金融市场风险预测，结合预测制定完善的应对措施，从而更好地保障金融市场风险应对的效果。

三、金融行业中的风险类型

（一）金融市场风险

金融市场可以分为股票、证券、期货等，对于股票和证券都会因为一些外界因素导致价格发生一些波动，加上利率及汇率也存在波动幅度，这些频繁的波动因素会给金融、证券市场带来一些风险，正因为这些风险因素的存在，才会导致在投资的过程中存在非常大的不确定性，这也是金融行业中存在的市场风险。在金融市场进行交易时，必须要保证金融的流动性，经常会因为流动性不足导致很多投资者和相关者收益受损。金融的流动性可分为两个方面：一方面需要参与金融交易的金融机构拥有一定的资金储备，从而提高资金的流动性；另一方面，还需要保证金融资产的变现能力，也就是将金融资产和现金进行转化，从而确保市场的流动性。

（二）金融信用风险

金融行业还存在信用风险，信用风险是指交易双方其中的一方，因某些原因没有按照合同约定履约，导致给另一方带来损失。近几年，金融行业出现了一种新的模式，大部分都是平台网络贷款，平台利息过高，导致借款人无力偿还，从而出现信用违约的情况。还有一些平台出现了资金周转不开的情况，无法兑现自己承诺的收益。由其中一方造成的信用违约，直接影响信用评级，同时对整个债务市场的价格也会造成影响。

（三）金融操作风险

进行金融交易，需要通过大量的人员和操作系统来进行，由于金融操作的数据相对比较复杂，数量也比较多，操作人员或操作系统会出现错误或失误，导致一部分金融交易不能按照金融交易规则正常进行。还有可能会对金融行业的投资者造成一定影响，同时给整个金融行业或间接关联者带来一些损失。

四、金融市场风险预测

（一）金融市场风险因素识别

对金融市场进行风险预测，就必须对金融市场所存在的各种风险因素进行提前识别，对所收集的金融风险因素进行整合分析，从而有效提高对金融市场风险预测的准确度。在进行风险识别之前，需要了解金融市场中存在的各种风险因素，对这些风险因素按不同的类别和属性进行区分，从多方面对这些风险因素进行预先考虑。金融市场还存在着其他的风险因素，如信用风险等，可以根据相应的预测指标和内容开展全面性的研究。以信用风险识别为例，要对参与的项目进行信用评估，了解收入能力等相关方面，从而实现风险预测。

（二）金融市场风险预测

1. 对金融风险识别的认识

对于金融风险的预测最基本的是对风险有所识别，即能收集到造成风险损失的原因、影响因素的类别，以及对于哪些具体风险应该事先有所考虑等方面的认识，而相对于类似的市场、信用或流动等风险则有具体的预测指标和内容。比如信用风险，可以通过过往的信用状况、盈利能力、资本、担保物以及行业环境等因素来进行事先的预测，而流动风险则可以通过流动性比例，其中企业一般需要超过百分之百的比例，银行是不小于百分之二十五的比例，另外还有贷款比例、超额备付金及固定资产比率等指标来对风险进行预测。

2. 对金融风险预测方法的分析

对于金融风险预测方法的分析一般可以从以下三个方面进行：一是风险因素识别，如一项工业投资活动，包括对生产的工艺、原材料，操作条件做大致的了解，掌握风险源。二是关于金融投资项目事件的前后关联性进行预测和分析。三是金融风险调查分析，涉及财务报表和其他经济数据的分析，但由于任何一种风险预测方式都不能全面地指出风险的类别和程度，而且也不能通过一两次的调查和分析，得出所存在的具体风险，因此要结合风险单位的性质、规模和结合多种方式对复杂和深层次的风险进行认识和预测。

除此之外，应用较多的还有马尔可夫预测法，主要作用于对贷款的回收率和商品市场的占有率预测，由此看出它既适用于金融机构，也适用于非金融机构，这种方式主要是通过运用统计学中的概率原理，发现投资者应按照合理的比例来进行不同的投资，分散风险。另外，对贷款回收率的预测，一是假定预测对象可能存在的状况是不变的，二是假定贷款的条款不变，三是仅仅与前一期的回款情况相关。在这些条件的基础上，能起到帮助投资者有效规避风险的作用。通过这种分析方式可以发现，对金融风险的预测需要科学的分析工具，并加大对金融信息的收集和研究，才能得到较为准确的预测结果。

（三）金融市场风险预测结果评估

1. 明确风险评估的指标

对于金融机构而言一是确认资产的质量，是否具有一定的资金流动性和能否具有保证生存及发展的能力，是否存在不良贷款的情况，另外资金有充足的金融机构也并不表达其流动性的水平，如果流动性剩余较多反而会影响到资金的盈利能力，所以评估要有度。二是收益的合理性，对于金融机构而言，收益是否真实合理是判断其盈利能力和抵御风险的标准，同时其经营是否符合国家法律规范，是否存在违规操作和具有潜在的支付风险等因素也是衡量风险的指标。三是管理的健全性，在治理结构、审计以及内部控制的管理上是否有严格的制度和政策，这也是规避金融风险的有效指标。

除此之外，对于非金融机构的风险评估指标则需要结合宏观和微观两个层面进行，其中宏观方面主要考虑与宏观经济运行相关的金融指标，包括经济增长率、物价水平等内容，而微观体现在金融市场中供求关系的利率、汇率等方面，以及包含前文所述关于金融机构的财政状况方面的内容。

2. 分析金融风险评估的方法

主要针对金融机构的评估一是采用加权评估方法，对可能影响或是引起金融风险的因素进行加权，通过计算对金融机构所存在的风险程度进行判断。比如，对于得分低于50分的则为有问题的金融机构，其存在的风险程度较高，低于20分则被判断成有危险的金融机构，风险程度极高。二是通过特征值来进行评估，一般而言，如果盈利能力、不良贷款率或资产的流动性比例超过了同行业的平均水平或监管局所定下的标准线，都属于存在一定风险的金融机构。同理，非金融机构也可以采用类似的方法，设立金融风险等级，包括安全、基本安全、警惕及危险。比如，财政风险指标评估就是通过财政债务依存率、国债负担率及财政收入占国内生产总值的比重来确定危险系数的。

五、金融市场风险应对措施

（一）优化金融市场融资结构

通过对多年的金融市场经验进行分析，可以准确地发现一些现象，近年来，中国的各行各业发展都比较快，经济发展速度也有所提高，导致融资渠道中直接融资的占比越来越多。直接融资和间接融资相比具有很多的优势，融资效率变得更快，成本也有所降低，给融资者带来更多的便利。在以前的金融市场里，银行的信贷方面主要是金融市场风险的体现，随着金融市场的不断发展和变化，金融市场的融资结构和效率也有了很大变化，不断完善传统金融市场中存在的问题，解决了效率低下的问题。直接融资的出现，改变了金融市场结构体系，有效地解决了传统金融市场结构失衡的问题。金融市场融资的方式和方法也变得更加多元化，随着金融市场的不断发展和改革，告别了金融市场融资渠道单一的时代。随着人们对金融的认识和理解的加深，大部分的金融投资者参与其中，和金融市场共同承担相应的风险，有效地提升了其抵御风险的能力。

（二）做大金融工具

逐步对金融市场进行划分，将一个大的金融市场分成若干个小的金融市场，如股指期货等，不同的金融市场的波动情况也有所不同，同样投资者对金融波动的承受能力也是不同的。投资者的偏好也和个人的兴趣爱好、职业有关，通过对投资市场进行细分，可通过不同的投资市场来吸引不同偏好的投资者，让金融市场变得更加稳定。可以将金融市场打造成双边市场，让金融市场进行制衡，现阶段金融市场衍生出了非常多的集中工具，可有效地完善金融市场渠道，分散风险，最终降低市场整体的风险。

（三）创新金融产品

近年来，我国经济的飞速发展带动了人们生活水平的提高，我国居民的财富也不断提高，且逐步掌握了比较多的金融知识，很多人都想通过金融市场来提高自身收益，降低通货膨胀对自己资产的稀释。因此，金融产品市场不断扩大。大多数居民较为喜欢的金融理财方式还是以银行理财和信托为主，达到了金融市场规模的一半以上。由于我国金融市场发展得比较晚，金融产品种类也相对较少，而且金融市场还存在很多产品同质化的问题，导致投资当中存在一定的风险。基于这种情况，可以考虑将一些贵金属和外汇市场逐步纳入金融产品市场当中，从而创新金融产品，提高现阶段金融市场中金融产品的差异性。还能对金融市场的投资进行进一步的挖掘，有效帮助一些中小企业进行融资。此外，也可在市场当中推行有关基金的理财，利用基金降低金融市场中的风险。

（四）制定金融风险转嫁策略

应对投资风险有很多方法，但效果最好的要数风险因素的转嫁，可通过购买保险、债券，售卖产品来实现金融风险的转嫁，避免在投资过程当中出现严重的风险后果。如购买保险，当一些企业因为外界因素或不可抗因素出现投资风险时，这些风险就会随之转嫁给保险人，从而有效降低企业因风险造成的经济损失。在金融市场里，大部分投资者都会采用购买保险的方式对金融风险进行转嫁，这种方式普遍为投资者所接受，能够为投资者有效降低经济损失，同时也更加方便快捷。

（五）加强金融市场风险管理

随着我国经济的不断发展，政府和相关机构已经开始对金融机构和监管条例进行逐步完善。以市场的经济变化和金融市场的情况作为金融市场管理的基础，还要结合政府自身的职能制定相应的市场风险管理策略。通过科学合理的方法对金融风险进行管理，可以促进企业的发展，金融市场中存在的风险因素较多，在控制和管理过程中会面临较多困难，只通过企业自身的力量是不能实现的。因此，国家有关部门要对金融市场给予高度重视，通过各级地方政府相互合作来推动整个市场经济的有效运行，及时发现金融市场存在的风险，并根据风险及时制订解决方案，从而降低金融风险出现的概率；政府可组织专业人员对企业进行多方面的监管和检查，还要提高企业对金融风险投资的认识，并根据现阶段的金融市场情况制定合理的管理机制，通过多方面的管理降低企业因金融市场风险所造成的影响。

六、区域金融风险预警机制构建

（一）加强地域性金融结构的调节与分析

我国加入世界贸易组织以来，国家金融结构就迈向了新的阶段。近年来，随着我国内部经济结构调整，对外开放的范围进一步扩大，国家金融运行的风险预测工作也逐步随着区域金融涉及领域的拓展而延伸。区域经济发展是我国经济结构自我调整的重要保障，从现代资源结构调整的相关发展状态来看，以国家经济发展总趋势为目标，彰显区域金融运行的特征是主要发展趋向，因此加强抵御性金融风险预测能力，应处理好前者与后者之间的分配比例。举例来说，江苏省是国内经济运作大省，其经济发展主要依靠商品进出口贸易、合作性企业投资，因此我们在对江苏省区域金融运作风险进行预测时，就要将风险预测的核心放在进出口贸易管理上，结合国际进出口汇率变化、资本投资收益稳定性等条件，开展更具模式的资源运作方法，确定未来江苏省资金投入比例和商业金融运作的市场开发情况。

同时，区域金融风险预测与调节，也要结合区域实际发展情况实行区域金融风险的弹性管理，增加区域金融风险预测机制的保护作用，为现代结构调整与剖析提供充裕的内部变革空间。例如，制定区域金融五年发展计划，然后再结合该区域每年金融风险承担比例，适当地进行金融资源规划，这是现代资源区域调节的直接体现。

（二）把握市场经济资本运行规律

区域金融风险预测机制逐步优化，从马克思主义经济学视角来看，就是要以辩证经济发展趋向有效掌控市场经济资本运作的规律，才是避免金融剖析与市场经济资本剖析相偏离问题的直接措施。一方面，市场供求情况影响金融风险预警的长远性。我们在进一步完善非金融风险投资机制时，要做好区域资金市场的分析，避免出现供大于求或者供小于求的金融趋向。另一方面，新旧金融形势的更替会产生金融运行的稳定性波动问题。我们实行区域金融风险预测时，就要紧紧抓住实体经济与虚拟经济之间的关系，做好区域金融市场的运行工作，带动现代金融结构，在潜移默化中转变，形成更具有层次感的区域金融风险预测解析形式。

（三）强化金融企业风险管理体系

强化金融企业风险管理体系，是区域金融风险预警机制的外部条件，也是区域金融投资分析的主要标准。

从区域经济发展视角来看，金融企业风险机制的优化需要结合当地政府金融调整的相关条件，建立综合式的国家金融政策与企业金融投资运行渠道，逐步将国家经济结构调整与企业发展之间相适应，充分依靠当地政府金融风险管理政策，增加区域金融运作的掌控能力，如辅助当地中小规模企业做好金融投资预测，给予相应的金融投资风险承担帮助等。

从金融企业自身而言，强化风险机制管理体系就是要求企业自身进行机制调整，避免经济结构增加带来的金融隐性风险，提升企业内部财务管理金融解析的相关性措施，形成更具模式化的资源整合风险控制体系。例如，将企业的金融风险管理计划分为初期金融风险管理策略、中期金融风险控制管理策略、后期金融风险处理模式。将企业的金融风险预测机制在每一个阶段都设定不同的预测目标，一旦某一个金融目标的实践过程出现了金融运作风险问题，则企业需启动下一阶段的金融风险预测管理机制，构建更稳定的金融风险管理机制。

（四）提升风险预警应对能力

提升区域金融风险预警机制的作用，结合区域经济发展水平实行有效的金融结构规划与调整策略，做好区域金融风险应对工作。例如，海南省金融投资的风险应对模式，需要结合当地旅游资源开发的条件，全面结合海南省的经济资源管理数据，再结合过去五年来的相关性数据，以及未来五年将发展的新趋向，构建旅游市场开发、旅游资源创新的新型经济资源运作需求策略。由此可见，区域金融风险预警机制构建，除了要做好风险预测，也要具有风险掌控计划，才是较为完整的区域金融风险预警机制。

七、基于大数据的金融风险预测与防范对策

（一）大数据及其特征

1. 大数据的定义

"大数据"一词最先出现在麦肯锡公司于2011年5月发布的一份报告中，报告表明：社会各行各业已经强烈关注到数据在其发展领域中的不断渗透。从维基百科对大数据的界定来看，大数据是数据量的规模巨大到无法通过人工或者目前主流软件工具在合理时间达到截取、管理、处理并被人们解读的信息。大数据是数量巨大、结构复杂、类型各异的数据集合，也是可以通过数据分享、交叉复用的知识与智力资源，更是现代社会的一种核心资产。

2. 大数据的特征

大数据的基本特征往往用"4V"来概括：数据量巨大（volume）、数据类型的多样性（variety）、数据获得和处理速度快（velocity）、价值密度低（value）或称为真实性（veracity）。数据量巨大是大数据的最基本特征；数据的来源和应用也是多样的；大数据时代，数据的获得是随时随地进行的，数据的处理速度快，同时采取全样本进行分析；数据类型逐渐呈现出结构化、半结构化和非结构化相结合的特点，数据价值密度低是非结构化大数据中的重要特征，大数据开启了全数据时代。

（二）大数据环境下的金融风险

随着互联网技术、移动支付、云计算等信息技术的迅速发展，现代科技与金融需求结合得十分紧密。大数据时代，金融风险越来越突出地体现为以下5种风险。

1. 信用风险

信用风险的主要指标是不良贷款率，取决于客户的还款能力和还款意愿。在信用数据爆炸式增长的时代，由于信息的不对称，金融行业很难及时从海量数据中获取有用的信息资源，进而提供满足客户需求的服务，也无法准确地掌握客户的全面真实信息来预测客户的实际信用状况，尤其是贷中和贷后信用风险。一旦出现较多不良贷款造成金融行业的资产、负债等各种比率上升，将会严重影响其业已建立起来的信用基础，最终加剧信用风险。同时，信用风险也与现有的征信水平不高和征信信息不全有极大的关系。

2. 信息安全风险和数据分析风险

随着大数据技术的发展，通过实现信息的集中化和量化，可以轻易搜集获得用户的大量私密信息，包括金融信息。信息一旦泄露，将可能给客户造成巨大的损失。由于不同部门之间的数据相互分离，没有达到共享，各个部门的数据分析仅仅是为了满足监管的需要，所以形成众多的"数据孤岛"。同时，在某种情况下数据甚至是封闭的，无法进行全面的数据分析，即使有统一的分析系统，一些数据也存在滞后性，不能用来解释新问题以及发现数据背后隐含的风险。

3. 市场风险

市场风险集中体现在数据风险、鲁莽行为、数据垄断三个方面。大数据分析要求保证数据的数量和质量，因它只关注数据之间的相关性，一旦数据中出现错误、虚假的信息，可能会导致错误的分析和预测，推断出来的数据关系也可能不是真实存在的数据关系，这样由这些错误数据关系指导的行为也是错误的，从而引发一系列同样错误的行为，最终导致市场风险。同样，拥有数据和资金资源双重优势的金融行业会通过数据垄断获得绝对优势，如此一来，金融市场的竞争效率降低，金融大数据的活力受到抑制，金融市场的结构优化受阻，使市场风险强化。

4. 技术风险

海量数据的分析及其蕴含价值的获取需要借助先进的技术分析工具和强大的技术支持平台，然而面对复杂的多元环境时，由于这些技术和平台需要大量的人力和维护管理等成本，所以数据的存储、分析和挖掘能力不足，无法进行有效的业务开展和及时的信息输送，这样会扩大金融风险。与此同时，管理机制和风险应急处理机制不健全、防毒杀毒软件更新不及时、用户信息安全风险防范意识不强、网络平台安全水平低等会导致金融信息和个人信息的泄露，也可能被一些金融犯罪所截取利用，造成严重的金融风险。

5. 法律风险

互联网下的金融经营过程积累了大量的客户信息资源，这些资源背后隐含着重要的商业价值，一旦信息被不法分子获取和利用，就会引起各种欺诈行为。同时，大数据的应用使得经营业务链加长，数据分析的复杂程度上升，加上法律体系不完善，也缺乏相应的法律大数据人才，未来发展面临不可避免的法律风险。

（三）金融风险预测体系构建

1. 金融风险预测体系的构建原则

风险预测体系的构建坚持以数据为中心，做到必要性、时效性、可操作性、系统性和合理性等的统一。之所以要突出强调这些原则，一是因为只有将风险的各个环节纳入风险预测体系中，全面分析不同用户的各种交易行为，才能更好地预测和防范风险。二是使用风险预测体系利用实时数据进行风险的预测和监控，及时分辨金融风险的类型，做好有针对性的预测，避免随之而来的危害。三是风险预测体系必须具有可操作性，能结合实际情况进行数据的收集、处理和分析，通过分析及时有效地识别风险指标，判断可能发生的风险及发生的原因，并根据原因提出相应的处理方法。四是风险预测体系应是一个完整的生态系统，在该系统中，所有数据通过使用、验证、处置、反馈、校对，形成了一种闭环的风险预测圈，可以系统、全面地展现风险预测信息，充分了解不同风险状况及它们之间的相互关系。五是风险预测体系要做到定性指标和定量数据相结合，既能剖析风险的性质，又能分析风险的量化结果，对风险进行整体勾画，得出更加准确的风险预测结果。

2. 金融风险预测体系的构建内容

一是数据分析层。运用大数据技术全面分析海量数据和相应的数据模型等，及时识别和判断数据的异常变动,发现风险信号,进而预测可能发生的风险。二是数据挖掘层。这是大数据技术进行风险预测的关键层,只有对大量数据进行深入挖掘,才能找出隐藏在大数据背后的金融风险规律网,尤其是大数据关联挖掘能够助力金融风险识别,同时结合数据分析的结果促进风险预测结果与实际风险状况更加吻合。三是数据整合层。对数据进行重新整合才能提取出满足风险预测需要的可靠性、准确性数据,才能明确金融风险的相关内容,更有效地发现可疑和异常行为,实现金融风险的预测。四是数据管理层。此层是风险预测体系的平台支持层,所有的数据分析、挖掘、整合都要通过数据管理层进行连接和传送,以保证数据的完整性、安全性、可靠性,实现数据中心的正常运作,支撑风险预测。

(四)防范金融风险的有效对策

1. 树立大数据战略思想观念

要在思想观念上完成三个转变:从原因分析到相关性分析的转变;从绝对精确到效率的转变;从抽样到全样的转变。运用大数据分析金融风险背后的相关性,不仅仅是依靠直觉和经验,更多的是依靠数据量化分析,不仅及时全面,而且更加有效和快捷。运用大数据进行实时的金融风险大概轮廓和发展脉络的获取,分析金融数据的完整性和混杂性,可以帮助人们进一步了解金融风险真相,快速掌控金融风险,及时并有针对性地防范金融风险。

2. 建立大数据的全方位风险管理体系

首先,运用大数据征信的数据图分析、流处理技术以及爬虫等技术手段获取和分析客户线上线下的各种信息资源,全面了解和掌握客户的真实情况,快速有效地对客户进行信用描述,同时借助大数据的信用评分模型精确评判客户的信用状况。其次,在贷中、贷后和欺诈风险防范中,运用大数据资源和大数据分析技术密切关注贷款客户的交易经营状况、现金流链条、资金往来、还款逾期或违约状况，时刻掌握贷款客户的动态变化，同时也提示违约和欺诈后果的严重性，构建非现场贷后管理模式，实现风险的实时控制。最后，将大数据中的半结构化和非结构化数据转变为结构化数据，并对其进行分析加工，整合形成客户的全方位风险管理体系。

3. 建立金融风险数据共享联盟

统一标准，创建大数据共享体系，使孤立在各机构、公司和互联网的金融数据按一定的规范共享，打破数据的隔离状态。在数据管理层中将金融风险的相关数据进行整合，实现行业风险信息的共享，进而使整个行业实现对金融风险的实时防范。进一步打通数据调取通道，设立数据共享平台，实时交互对接各个部门、各个层面、各个环节监控所取得的风险数据信息，同时借助大数据技术对其进行相关性分析，自动审核客户的信用状况、风险承受能力等，抓住客户自身的潜在风险点，防范金融市场风险的发生和外溢。

4. 培养大数据人才和核心技术能力

金融行业要加快自身专业团队的培养，如专业的经济大数据分析人才、金融大数据分析人才、法律大数据分析人才等，注重增强他们在数据解读、分析、整合、挖掘等方面的能力，并将这些能力与实际的风险业务相结合，提升风险防范和信息化队伍的专业素质。

5. 建立健全配套的法律体系和保护机制

构建控制数据风险的法律体系，及时出台和建设适应大数据发展的法律法规，为防范金融风险提供一个稳定的数据环境。

综上所述，行之有效的个人私密信息的保护机制是不可或缺的。个人的一切行为数据时刻被各种平台所记录，运用大数据技术可以实现个人信息的匿名化和授权使用,尽可能地保证数据的真实价值,同时也能实现个人信息的保护,能够最大限度地防范因个人信息被利用而带来的金融风险。

第三节 金融安全的保障措施

一、金融体制的保障措施

金融体制是一国经济体制的重要组成部分。改革开放40多年来,我国经济稳步增长,取得了令世人瞩目的成就,但是金融体制改革仍是经济体制改革中的难点,也是我国金融安全保障的重要突破口。

长期以来,受传统计划经济体制的影响,我国金融体制结构单一、监管不完善以及行业认知与共识较少,金融体制对实体经济的支持功能不能有效发挥,金融体制改革仍然存在着一些问题。

中华人民共和国成立初期,百废待兴。当时的紧迫问题是重建金融体制,具体包括建立统一的人民币货币体系,建立中国人民银行主导的国家银行体系,加强金融管理和推进开展银行业务,保障国民经济建设有序开展,中国人民银行作为"总操盘手"起到了关键作用。

自1953年开始,我国建立了"计划经济模式下的金融体制"。中国人民银行统一制订全国的信贷计划,管理金融机构的经营行为,并指导配置全国的金融资源。在改革开放之前,由于经济社会的复杂性,中国人民银行作为全国高度集中统一的金融计划管理机构,难以管理全国的金融计划,曾经出现过信贷超计划的情况,金融体制的单一结构弊端暴露无遗。

改革开放之后,高度集中的金融体制亟待改革。中国人民银行的改革也进入了法治化轨道,企业、居民存贷款业务和外汇业务分别剥离出来,成立了中

第五章　金融风险防范对策与金融安全保障措施

国工商银行和中国银行。同时，中国也开始推进股份制改革，分别于 1990 年和 1991 年成立了上海证券交易所和深圳证券交易所。此外，20 世纪 90 年代初开始大力推进保险业改革。

这一时期，随着我国证券市场和保险市场的快速发展，金融监管体制改革步伐加快，原有的金融体制也顺势改革，中央政府对金融业开始实行分业经营、分业监管。中国人民银行加强货币调控职能，而证券市场和保险市场监管则由证监会和银保监会承担。

总的来说，改革开放以来，我国已经基本建成了适应社会主义市场经济的金融体制，金融资源配置效率不断提高，金融服务对实体经济的支持作用不断增强。但是，随着我国加入世界贸易组织，金融体制的开放要求也日益提高。我国金融机构和金融市场必须面临进一步金融开放的压力，国际金融危机对我国影响加深，如何构建更为安全的金融体制成为当前最为紧迫的现实课题。

事实上，金融体制的改革与发展最基本的命题仍是市场与政府的利益平衡。人类现有的知识和经验并没有回答什么样的金融体制是完善的。面对金融市场的利益，金融参与者必须在一定的游戏规则框架下来行动，才能真正地建立有效的金融体制。当我们认为金融体制对社会是有利的，市场主体和政府就需要一种"妥协"，无论是资本主义国家还是社会主义国家都面临同样的问题，都需要在市场和政府之间求得一种平衡，金融体制的改革也是不断寻找这种平衡。

美国的次贷危机表明，过分注重市场导向的金融体制，资本推动的金融创新可能使金融脱离实体经济的需求，加速"金融空转"，最终酿成金融危机，威胁金融安全。很显然，过度强调"市场的力量"，可能放纵金融投机和金融舞弊，从而威胁金融安全。

我国作为一个社会主义国家，如何来推进金融体制改革呢？在总结其他国家的经验和教训的基础上，我们仍需在发挥市场效率的同时，发挥政府的金融监管职能，深化金融体制改革，实现维护金融安全的目标。

具体来说，建立能保证金融安全的金融体制，必须完善金融机构体系，引导民间资本进入金融行业；推进资本市场健康发展，提高直接融资比重，发挥多层次资本市场功能；推进资本项目自由兑换和人民币国际化进程；推进金融业进一步开放，引进外资进入金融业；加强金融宏观调控机制建设，在发挥政府监督职能等方面采取措施。

金融安全是国家安全的重要组成部分，金融体制改革的成败取决于金融安全，社会公众对金融体制的信心是金融安全的基本内涵。在我国金融体系不断开放的过程中，面对我国经济结构转型的压力，为健全金融安全网，我国金融体制改革还应该在防范跨市场、跨行业的系统性金融风险方面做出进一步努力。

二、金融监管的保障措施

（一）现代金融监管的基本内涵

以习近平新时代中国特色社会主义经济思想为指导，回顾国际国内金融治理的历史，总结近些年来我们应对各种风险挑战的实践，可以将以下几个要素归纳为现代金融监管的基本内涵。

1. 宏观审慎管理

防范和化解系统性风险，避免全局性金融危机，是金融治理的首要任务。我国宏观审慎的政策理念源远流长，早在春秋战国时期就开始了政府对商品货币流通的监督和调控，西汉的"均输平准"已经成为促进经济发展和金融稳定的制度安排。现代市场经济中，货币超发、过度举债、房地产泡沫化、金融产品复杂化、国际收支失衡等问题引发的金融危机反复发生，但是很少有国家能够真正做到防患于未然。2008年全球金融危机爆发后，国际社会从"逆周期、防传染"的视角,重新检视和强化金融监管安排,完善分析框架和监管工具。有效的信息共享、充分的政策协调至关重要,但是决策层对重大风险保持高度警惕、执行层能够迅速反应更为重要。

2. 微观审慎监管

中华传统商业文化就特别强调稳健经营,"将本求利"是古代钱庄票号最基本、最重要的行事准则,实质就是重视资本金约束。巴塞尔银行监管委员会和国际保险监督官协会,就是在资本金约束规则的基础上,逐步推动形成银行业和保险业今天的监管规则体系。资本标准、政府监管、市场约束,被称为微观审慎监管的"三大支柱"。许多广泛应用于微观审慎监管的工具,如拨备制度等,也具有防范系统性风险的功能。

3. 保护消费权益

金融交易中存在着严重的信息不对称,普通居民很难拥有丰富的金融知识,而且金融机构工作人员往往也不完全了解金融产品所包含的风险。这就导致金融消费相较于其他方面的消费,当事人常常会遭受更大的利益损失。2008年全球金融危机之后,金融消费者保护受到空前重视。世界银行推出39条良好实践标准,部分国家对金融监管框架进行重大调整。我国"一行两会"内部均已设立金融消费者权益保护部门,从强化金融知识宣传、规范金融机构行为、完善监督管理规则、及时惩处违法违规现象等方面,初步建立起行为监管框架。

4. 打击金融犯罪

金融犯罪活动隐蔽性强、危害性大,同时专业性、技术性较为复杂。许多国家设有专门的金融犯罪调查机构,部分国家赋予金融监管部门一定的犯罪侦查职权。巴塞尔银行监管委员会和一些国家的金融监管机构,均将与执法部门合作作为原则性要求加以明确。我国也探索形成了一些良好实践经验。比如,公安部证券犯罪侦查局派驻证监会联合办公，银保监会承担全国处置非法集资部际联席会议牵头职责，部分城市探索成立专门的金融法院或金融法庭。但是，如何更有效地打击金融犯罪，仍然是政府机构设置方面的重要议题。

5. 维护市场稳定

金融发展离不开金融创新，但要认真对待其中的风险。过于复杂的交易结构和产品设计，容易异化为金融自我实现、自我循环和自我膨胀。能源、粮食、互联网和大数据等特定行业、特定领域在国民经济中具有重要地位，集中了大量金融资源，需要防止其杠杆过高、泡沫累积最终演化为较大金融风险。金融市场是经济社会运行的集中映射，在经济全球化背景下，国际各种事件都可能影响市场情绪，更加容易出现"大起大落"异常震荡。管理部门要加强风险源头管控，切实规范金融秩序，及时稳定市场预期，防止风险交叉传染、扩散蔓延。

6. 处置问题机构

及早把"烂苹果"捡出去，对于建设稳健高效的风险处置体系至关重要。一是"生前遗嘱"。金融机构必须制定并定期修订翔实可行的恢复和处置计划，确保出现问题得到有序处置。二是"自救安排"。落实机构及其主要股东、实际控制人和最终受益人的主体责任，全面做实资本工具吸收损失机制。自救失败的问题机构必须依法重整或破产关闭。三是"注入基金"。必要时运用存款保险等行业保障基金和金融稳定保障基金，防止挤提、退保事件和单体风险引发系统性区域性风险。四是"及时止损"。为最大限度维护人民群众根本利益，必须以成本最小为原则，让经营失败金融企业退出市场。五是"应急准备"。坚持底线思维、极限思维，制定处置系统性危机的预案。六是"快速启动"。有些金融机构风险的爆发具有突然性，形势恶化如同火警，启动处置机制必须有特殊授权安排。

（二）现阶段金融监管面临的主要挑战

党的十八大以来，在以习近平同志为核心的党中央坚强领导下，我国金融业改革发展稳定取得历史性的伟大成就。中国银行业总资产名列世界第一位，股票市场、债券市场和保险市场规模均居世界第二位。我们经受住一系列严重风险冲击，成功避免若干全面性危机，金融治理体系和治理能力现代化持续推进。

当前，国内外经济金融环境发生深刻变化，不稳定不确定不安全因素明显增多，金融风险诱因和形态更加复杂。我国发展进入战略机遇和风险挑战并存时期。

世界经济复苏分化加剧，增长动力不足。高通胀正在成为全球经济的最大挑战，主要发达经济体中央银行激进收紧货币政策，很可能引发欧美广泛的经济衰退，大国博弈、地缘政治冲突和能源粮食危机等，将持续影响全球贸易投资和国际金融市场稳定。除此之外，西方国家经济由产业资本主导转变为金融资本主导，近些年来正在向科技资本和数据资本主导转变，带来的震荡非常广泛，影响十分久远。

我国正处于由高速增长向高质量发展转变的关键时期。经济社会高质量发展为抵御风险提供了坚实依托，转型调整也带来结构性市场出清。随着工业化、城镇化持续推进，需求结构和生产函数发生重大变化，金融与实体经济适配性不足、资金循环不畅和供求脱节等现象相互影响，有时甚至会反复强化。

现代科技的广泛应用使金融业态、风险形态、传导路径和安全边界发生重大变化。互联网平台开办金融业务带来特殊挑战，一些平台企业占有数据、知识、技术等要素优势，并与资本紧密结合。如何保证公平竞争、鼓励科技创新，同时防止无序扩张和野蛮生长，是我们面临的艰巨任务。数据安全、反垄断和金融基础设施稳健运行成为新的关注重点。监管科技手段与行业数字化水平的差距凸显。

金融机构公司治理与高质量发展要求相比仍有差距。一些银行、保险公司的管理团队远不能适应金融业快速发展、金融体系更加复杂和不断开放的趋势。近年发生的金融风险事件充分表明，相当多的金融机构不同程度地存在党的领导逐级弱化、股权关系不透明、股东行为不审慎、关联交易不合规、战略规划不清晰、董事高管履职有效性不足和绩效考核不科学等问题。解决这些治理方面的沉疴痼疾仍需付出艰苦努力。

目前，金融风险形势复杂严峻，新老问题交织叠加。信用违约事件时有发生，影子银行存量规模依然不小，部分地方政府隐性债务尚未缓解，一些大型企业特别是头部房企债务风险突出，涉众型金融犯罪多发，地方金融组织风控能力薄弱。这些都迫切需要健全事前事中事后监管机制安排，实现监管全链条、全领域、全覆盖。

专业化处置机构和常态化风险处置机制不健全。市场化处置工具不完善，实践中"一事一议"的处置规范性不足。金融稳定保障基金、存款保险基金、保险保障基金、信托业保障基金和投资者保护基金等行业保障基金的损失吸收和分担缺乏清晰的法律规定。金融机构及其股东、实控人或最终受益人的风险处置主体责任需要强化，金融管理部门风险处置责任需进一步明确，地方党委政府属地风险处置责任落实的积极性还需进一步提升。

此外，金融生态、法治环境和信用体系建设任重道远。金融监管资源总体仍然紧张，高素质监管人才较为缺乏，基层监管力量十分薄弱。金融治理的一些关键环节，法律授权不足。

（三）加强和完善现代金融监管的重点举措

站在新的历史起点，金融监管改革任务非常艰巨。必须以习近平新时代中国特色社会主义思想为指导，坚持以人民为中心的根本立场，不断提升金融监管的能力和水平。

1. 强化党对金融工作的集中统一领导

党的领导是做好金融工作的最大政治优势。走中国特色金融发展之路，要进一步强化党中央对金融工作的领导，建立健全金融稳定和发展统筹协调机制，中央各相关部门和省级党委政府都要自觉服从、主动作为。我国绝大多数金融机构都是地方法人，其党的关系、干部管理、国有股权监管、审计监察和司法管辖也都在地方，因此必须进一步强化地方党委对金融机构党组织的领导，建立健全地方党政主要领导负责的重大风险处置机制。中央金融管理部门要依照法定职责承担监管主体责任，派出机构要自觉服从地方党委政府领导，积极发挥专业优势和履行行业管理职责，共同推动建立科学高效的金融稳定保障体系，公开透明地使用好风险处置资金。要及时查处风险乱象背后的腐败问题，以强监督推动强监管严监管，坚决纠正"宽松软"，打造忠诚干净担当的监管铁军。

2. 深化金融供给侧结构性改革

全面强化金融服务实体经济能力，坚决遏制脱实向虚。管好货币总闸门，防止宏观杠杆率持续快速攀升。健全资本市场功能，提高直接融资比重。完善金融支持创新体系，加大对先进制造业、战略性新兴产业的中长期资金支持。健全普惠金融体系，改进小微企业和"三农"金融供给，提升新市民金融服务水平，巩固拓展金融扶贫成果。督促中小银行深耕本地，严格规范跨区域经营。强化保险保障功能，加快发展健康保险，规范发展第三支柱养老保险，健全国家巨灾保险体系。稳妥推进金融业高水平开放，服务构建"双循环"新发展格局。

3. 健全"风险为本"的审慎监管框架

有效抑制金融机构盲目扩张,推动法人机构业务牌照分类分级管理。把防控金融风险放到更加重要的位置,优化监管技术、方法和流程,实现风险早识别、早预警、早发现、早处置。充实政策工具箱,完善逆周期监管和系统重要性金融机构监管,防范风险跨机构、跨市场和跨国境传染。加强功能监管和综合监管,对同质同类金融产品,按照"实质重于形式"原则进行穿透式监管,实行公平统一的监管规则。坚持金融创新必须在审慎监管的前提下进行,对互联网平台金融业务实施常态化监管,推动平台经济规范健康持续发展。强化金融反垄断和反不正当竞争,依法规范和引导资本健康发展,防止资本在金融领域无序扩张。

4. 加强金融机构公司治理和内部控制

紧抓公司治理"牛鼻子",推动健全现代金融企业制度。筑牢产业资本和金融资本"防火墙",依法规范非金融企业投资金融机构。加强股东资质穿透审核和股东行为监管,严格关联交易管理。加强董事会、高级管理层履职行为监督,引导金融机构选配政治强、业务精的专业团队,不断增强公司治理机构之间和高管人员之间的相互支持、相互监督。完善激励约束机制,健全不当所得追回制度和风险责任事后追偿制度。督促金融机构全面细化和完善内控体系,严守会计准则和审慎监管要求。强化外部监督,规范信息披露,增强市场约束。

5. 营造严厉打击金融犯罪的法治环境

遵循宪法宗旨和立法精神,更好发挥法治固根本、稳预期、利长远的作用。坚持金融业务持牌经营规则,既要纠正"有照违章",也要打击"无证驾驶"。织密金融法网,补齐制度短板,切实解决"牛栏关猫"问题。丰富执法手段,充分发挥金融监管机构与公安机关的优势条件,做好行政执法与刑事司法衔接,强化与纪检监察、审计监督等部门协作。提高违法成本，按照过罚相当的原则，努力做到程序正义和实体正义并重。保持行政处罚高压态势，常态化开展打击恶意逃废债、非法集资、非法吸收公众存款和反洗钱、反恐怖融资等工作。省级地方政府对辖内防范和处置非法集资等工作负总责。

6. 切实维护好金融消费者的合法权益

探索建立央地和部门间协调机制，推动金融机构将消费者保护纳入公司治理、企业文化和经营战略中统筹谋划。严格规范金融产品销售管理，强化风险提示和信息披露，大力整治虚假宣传、误导销售、霸王条款等问题。推动健全金融纠纷多元化解机制，畅通投诉受理渠道。加强金融知识宣传教育，引导树立长期投资、价值投资、理性投资和风险防范意识，不断提升全社会金融素养。依法保障金融消费者自主选择、公平交易、信息安全等基本权利，守护好广大人民群众的"钱袋子"。

7. 完善金融安全网和风险处置长效机制

加快出台金融稳定法，明确金融风险处置的触发标准、程序机制、资金来源和法律责任。在强化金融稳定保障机制的条件下，建立完整的金融风险处置体系，明确监管机构与处置机构的关系。区分常规风险、突发风险和重大风险，按照责任分工落实处置工作机制，合理运用各项处置措施和工具。金融稳定保障基金、存款保险基金及其他行业保障基金不能成为"发款箱"，要健全职能，强化组织体系，充分发挥市场化、法治化处置平台作用。

8. 加快金融监管数字化、智能化转型

积极推进监管大数据平台建设，开发智能化风险分析工具，完善风险早期预警模块，增强风险监测前瞻性、穿透性、全面性。逐步实现行政审批、非现场监管、现场检查、行政处罚等各项监管流程的标准化、线上化，确保监管行为可审计、可追溯。完善监管数据治理，打通"信息孤岛"，有效保护数据安全。加强金融监管基础设施建设，优化网络架构和运行维护体系。

金融管理工作具有很强的政治性、人民性，我们要深刻领悟"两个确立"的决定性意义，自觉践行"两个维护"，以对历史和人民负责的态度埋头苦干，守正创新，坚定不移地推进金融治理体系和治理能力现代化。

参考文献

[1] 周道许.金融安全学概论[M].北京:中国法制出版社,2022.

[2] 周道许,马天平.金融安全指数报告(国别版)[M].北京:中国经济出版社,2022.

[3] 陈全功.宏观看中国:经济理论与实践[M].武汉:武汉大学出版社,2022.

[4] 宁吉喆,康义.2021中国宏观经济[M].北京:中国统计出版社,2022.

[5] 刘明国.基于国家治理的宏观经济学[M].北京:人民出版社,2022.

[6] 牛蕊.宏观经济学基础[M].北京:企业管理出版社,2022.

[7] 陈昌盛,许伟.数字宏观:数字时代的宏观经济管理变革[M].北京:中信出版社,2022.

[8] 张延群.大型宏观经济模型方法与应用[M].北京:中国社会科学出版社,2022.

[9] 魏莉,龚灿,龚德良.大数据环境下金融信息风险与安全管理研究[M].北京:北京出版社,2021.

[10] 本书编委会.金融业网络安全与信息化"十四五"发展重点问题研究[M].北京:中国金融出版社,2021.

[11] 高惺惟.防范金融风险与维护金融稳定[M].北京:中国金融出版社,2021.

[12] 李奇霖.宏观经济数据分析手册[M].上海财经大学出版社,2021.

[13] 段忠东.住房、宏观经济与货币政策[M].厦门大学出版社,2021.

[14] 李言.中国房产税改革与宏观经济运行[M].杭州:浙江工商大学出版社,2021.

［15］魏文婉.中国能源进口政策与宏观经济影响研究［M］.武汉：华中科技大学出版社，2021.

［16］李炳.人民币有效汇率冲击对宏观经济波动的影响研究［M］.北京：中国金融出版社，2021.

［17］詹莎莎.宏观经济视角下个人所得税比较与预测研究［M］.北京：新华出版社，2021.

［18］秦荣生，赖家材.金融科技发展应用与安全［M］.北京：人民出版社，2020.

［19］余湄，张堃，汪寿阳.我国外汇储备与金融安全［M］.北京：对外经济贸易大学出版社，2020.

［20］张炳辉.国际金融安全［M］.北京：中国金融出版社，2020.

［21］俞勇.金融机构、金融风险与金融安全［M］.北京：中国财政经济出版社，2020.

［22］李建军，应展宇.国家金融安全研究报告（2020）［M］.北京：中国财政经济出版社，2020.

［23］张炳辉.金融市场安全［M］.北京：中国金融出版社，2020.

［24］卫志民.宏观经济理论与政策［M］.北京：中国经济出版社，2020.

［25］吴光华.宏观经济学基础［M］.武汉：华中科技大学出版社，2020.

［26］蒋长流.管理者的应用宏观经济学［M］.合肥：中国科学技术大学出版社，2020.

［27］朱辉.金融集聚及其宏观经济效应研究［M］.北京：中国金融出版社，2020.

［28］陈浩.宏观经济不确定性与货币政策有效性［M］.北京：人民日报出版社，2020.